Eucharistie

Rückfragen zum Katechismus
der Katholischen Kirche

KONTAKTE 2

Beiträge zum religiösen Zeitgespräch
Herausgegeben von Michael Kessler

Eucharistie

Rückfragen zum Katechismus
der Katholischen Kirche

Herausgegeben von

Michael Kessler

francke
verlag

Titelabbildung: Vielfalt der Lebensspuren im schöpferischen Spiel. Tusche auf Papier 1995, von Margarete Baur, Leinfelden

Die Deutsche Bibliothek – CIP-Einheitsaufnahme

Eucharistie : Rückfragen zum Katechismus der Katholischen Kirche / hrsg. von Michael Kessler. – Tübingen ; Basel : Francke, 1996
(Kontakte ; 2)
ISBN 3-7720-2521-8
NE: Kessler, Michael [Hrsg.]; GT

Dischingerweg 5 · D-72070 Tübingen

Gedruckt auf säurefreiem und alterungsbeständigem Werkdruckpapier.

Druck: Müller + Bass, Tübingen
Verarbeitung: Braun + Lamparter, Reutlingen
Printed in Germany

ISSN 0949-7277
ISBN 3-7720-2521-8

Inhaltsverzeichnis

Vorwort des Herausgebers

Von einer *Krise der Sakramentenpastoral* ist seit geraumer Zeit die Rede. Diese einzig auf das Konto mutmaßlicher Fehlleistungen der sogenannten Gemeindekatechese zu buchen, wäre wohl wenig gerechtfertigt. Auch von einem Rückgang des Interesses an Religion und am Heiligen wird man schwerlich sprechen können; zu konstatieren ist vielmehr eine durchaus lebendige, ja sogar wachsende Sehnsucht und ein wacher, empfänglicher Sinn gerade für das Symbolische. Man könnte folgern, daß, wenn das sakramentale Handeln der Kirche gleichwohl unter wachsenden Plausibilitätsdruck gerät und von Glaubwürdigkeitsschwund bedroht erscheint, es sich eben nicht nur um eine Krise der Vermittlung, sondern um Defizite der theologischen Theorie bzw. der Lehre selbst und um eine möglicherweise daraus resultierende Verundeutlichung bzw. Verflachung der Praxis handelt. Dann müßte vielleicht sogar mit der Gefahr einer *Krise der Sakramente* selbst gerechnet werden.

Vor diesem Hintergrund erschien es dringlich, eine interdisziplinäre theologische Gesprächsplattform zu schaffen, um anstehende Fragen in geschütztem Rahmen freimütig, problemorientiert und ohne Publikationsdruck erörtern zu können. Dem dienen die seit 1993 regelmäßig im Frühjahr durch das Institut für Fort- und Weiterbildung der Diözese Rottenburg-Stuttgart unter der Leitung von Arno Schilson (Mainz), August Jilek (Regensburg) und Michael Kessler (Rottenburg) veranstalteten *Rottenburger Symposien*, an denen über zwanzig deutsche und österreichische Hochschullehrer der Fachgebiete Liturgiewissenschaft, Systematische Theologie, Kirchenrecht und Pastoraltheologie unter Einschluß auch protestantischer Experten mit überraschender Konstanz beteiligt sind. Drei dieser Symposien haben bisher stattgefunden; ein viertes ist in Vorbereitung.

Das Erscheinen des sogenannten Weltkatechismus, der unter dem amtlichen Titel eines *Katechismus der Katholischen Kirche* (KKK) am 7. Dezember 1992 durch Papst Johannes Paul II. der Kirche feierlich übergeben wurde und seit Mai 1993 in einer deutschen Ausgabe vorliegt, legte es nahe, bei den Verhandlungen des 2. Rottenburger Symposions vom Frühjahr 1994, die dem Schwerpunktthema *Eucharistie* gewidmet waren, diesem, in Sonderheit seinem thematisch einschlägigen 2.Teil, differenziernd Beachtung zu schenken.

Bekanntlich hat der KKK rasch weite Verbreitung und beachtliche Resonanz gefunden; letzteres freilich nicht nur positiv. Demungeachtet stellt der mit der Autorität des ordentlichen Lehramts promulgierte KKK bereits jetzt, noch vor der Erstellung einer lateinischen *Editio typica*, ein Dokument hohen Ranges dar. Mit ihm ist, wie die ihm beigegebene Apostolische Konstitution *Fidei depositum* (FD) vom 11. Oktober 1992 – signifikanterweise dem 30. Jahrestag der Eröffnung des Zweiten Vatikanischen Konzils – unmißverständlich deutlich macht, ‚der ganzen Kirche' der ‚Bezugstext für eine aus den lebendigen Quellen des Glaubens erneuerte Katechese' vorgelegt worden (FD Nr.1), und zwar, wie es weiter heißt, ‚als sicherer und authentischer Bezugstext für die Darlegung der katholischen Lehre und in besonderer Weise für die Ausarbeitung der örtlichen Katechismen'(FD Nr.4). Rang und Bedeutung des Textes erhellen unter anderem daraus, daß dieser im Gefolge der durch das Konzil angestoßenen Erneuerung der Liturgie und der Neukodifizierung des Kirchenrechts gewissermaßen als eine dritte Säule für jenes ‚Werk der Erneuerung des gesamten kirchlichen Lebens ... wie es vom Zweiten Vatikanischen Konzil gewollt und eingeleitet wurde'(FD Nr.1) betrachtet wird; zugleich erscheine er, da ‚Frucht der Zusammenarbeit des gesamten Episkopates der katholischen Kirche', mithin Ausdruck seiner ‚Kollegialität', zugleich als Zeugnis für die ‚Katholizität der Kirche'(FD Nr.2). Als ‚gültiges und legitimes Werkzeug im Dienst der kirchlichen Gemeinschaft' und als ‚sichere Norm für die Lehre des Glaubens'(FD Nr.4) gebührt dem KKK mithin sorgfältige und gewissenhafte Beachtung.

Solche freilich impliziert Beobachtungen und unter Umständen Anfragen, und zwar auch solche kritischer Art. Dies um so mehr, als nach Auskunft des Präfekten der Glaubenskongregation, Joseph Kardinal Ratzinger, der bis dato so noch nicht vorliegende ‚eigentlich amtliche Text' dann doch ‚Lateinisch sein und damit außerhalb der gegenwärtigen Nationalsprachen stehen' solle; sein Erscheinen sei daher auch erst ‚nach den wichtigeren nationalsprachlichen Fassungen' vorgesehen; man wolle dafür, wie ausdrücklich gesagt wird,

‚bereits berücksichtigen können, was im Laufe der ersten Rezeptionsphase sich an berechtigten Kritiken herausstellen würde', auch wenn diese das ‚Gewebe des Textes im ganzen' nicht verändern dürften (vgl. J.Kardinal Ratzinger/Chr. Schönborn, Kleine Hinführung zum Katechismus der katholischen Kirche, München-Zürich-Wien 1993,22).

So erscheint es geboten, die unter dem thematischen Schwerpunkt *Eucharistie* erfolgten *Rückfragen zum Katechismus der katholischen Kirche* gerade auch im Sinne von Beiträgen zu einer kritischen Rezeption des Textes zu publizieren - nicht um diesen als ganzen zu problematisieren, sondern um auf eine Reihe neuralgischer Punkte hinzuweisen, deren Berücksichtigung für die Abfassung jener *Editio typica* anheimgestellt werden darf.

Den Verfassern, denen ich als Herausgeber für die Bereitstellung ihrer ursprünglich nicht zu publizistischen Zwecken abgefassten Beiträge herzlich danken möchte, geht es um *Kontakt*, nicht um *Konfrontation*. Das ihren Beobachtungen und Rückfragen zu entnehmende Votum zielt auf Rückgewinnung einer Priorität der Inhalte und gibt damit zugleich Impulse für die Debatte um eine zeitgemäße Erneuerung der Katechese, die, wie gleichfalls beobachtet wird, bereits im Gange ist.

Rottenburg, im September 1995 Michael Kessler

Erhard Kunz SJ

Die Eucharistielehre des „Katechismus der Katholischen Kirche" im Vergleich mit Impulsen des Zweiten Vatikanischen Konzils

Im Gespräch über den „Katechismus der Katholischen Kirche" (im folgenden: Katechismus) wird häufig auch die Frage gestellt, ob denn die Anliegen und Impulse des Zweiten Vatikanischen Konzils (im folgenden: Konzil) im Katechismus aufgegriffen seien und voll zur Geltung kämen oder ob sie verkürzt und entstellt wiedergegeben würden. Zwar sagt die Apostolische Konstitution „Fidei Depositum", mit der der Katechismus offiziell eingeführt wurde, der Katechismus sei „im Anschluß an das Zweite Vatikanische Konzil verfaßt" worden (Katechismus, S. 29), und Papst Johannes Paul II. bezeichnet in derselben Konstitution den Katechismus als „einen sehr wichtigen Beitrag zum Werk der Erneuerung des gesamten kirchlichen Lebens ..., wie es vom Zweiten Vatikanischen Konzil gewollt und eingeleitet wurde" (S. 31). Dennoch besteht die Befürchtung, „daß bestimmte katholische Kreise, die das Konzil nie bejaht haben, sich des Katechismus bedienen, um die Errungenschaften des Konzils zu unterlaufen"[1]. Auf diesem Hintergrund soll im folgenden untersucht werden, ob und wie im Bereich der Eucharistielehre die Anregungen des Konzils im Katechismus wirksam geworden sind.

Das Konzil hat kein eigenes Dekret über die Eucharistie verfaßt; aber es hat in seinen Konstitutionen und Dekreten Impulse gegeben, die für das Verständnis und die Feier der Eucharistie von Bedeutung sind. Vier Impulse möchte ich kurz darstellen und jeweils zeigen, wie sie im Katechismus berücksichtigt werden.

---

[1] A. Fossion, Über den rechten Gebrauch des „Katechismus der Katholischen Kirche", in: ThG 32 (1994) 12.

I. Die „tätige Teilnahme" der Gläubigen an der Eucharistiefeier: der Gemeinschaftscharakter der Eucharistie

1. Der Impuls des Konzils

Die Eucharistie wird vom Konzil als Mitte und Höhepunkt der kirchlichen Liturgie verstanden. Gleich am Beginn der Liturgiekonstitution „Sacrosanctum Concilium" (= SC) heißt es: „In der Liturgie, vor allem (‚maxime') im heiligen Opfer der Eucharistie, vollzieht sich das Werk unserer Erlösung" (SC 2). Alles, was für die liturgischen Vollzüge wesentlich ist, gilt deshalb vorzüglich für die Eucharistie. Auch und gerade die „volle, bewußte und tätige Teilnahme" der Gläubigen, die alle liturgischen Feiern kennzeichnen soll (SC 14), ist für die Eucharistie gültig. Die Christen (‚christfideles') sollen der Eucharistie nicht „wie Außenstehende und stumme Zuschauer beiwohnen", sondern sie „bewußt, fromm und tätig mitfeiern" (SC 48). Die tätige Teilnahme bezieht sich nicht nur auf das äußere Mittun (auf das gemeinsame Beten, Singen, Antworten usw.), sondern erstreckt sich auf den Vollzug des eucharistischen Opfers selbst: „Sie (die Christgläubigen) sollen Gott danksagen und die unbefleckte Opfergabe darbringen, nicht nur durch die Hände des Priesters sondern auch gemeinsam mit ihm und dadurch sich selber darbringen lernen" (SC 48). Auch beim zentralen Geschehen der Eucharistiefeier sind die Gläubigen also keine bloßen Zuschauer, sondern wirklich „Teilnehmende". Dieser Sachverhalt wird in der Konstitution über die Kirche „Lumen gentium" (= LG) im Zusammenhang der Lehre vom gemeinsamen Priestertum der Gläubigen noch einmal hervorgehoben: „In der Teilnahme am eucharistischen Opfer, der Quelle und dem Höhepunkt des ganzen christlichen Lebens, bringen sie das göttliche Opferlamm Gott dar und sich selbst mit ihm" (LG 11). Durch ihre Bitten („votis") und den Empfang des Sakramentes nehmen die Gläubigen an der Opferdarbringung teil (Dekret über Dienst und Leben der Priester „Presbyterorum Ordinis" [= PO], 4). Die Eucharistie ist somit wirklich Feier der versammelten Gemeinde. Nicht nur der Priester feiert die Messe, sondern alle versammelten Gläubigen feiern das Gedächtnis Christi und sind am Vollzug des Opfers beteiligt. Dabei kommt dem geweihten „Amtspriester" eine eigene und unerläßliche Aufgabe zu; aber diese vollzieht er in der eucharistischen Versammlung, in der „Sacra Synaxis". Keineswegs ist der Priester für sich genommen der eigentliche oder einzige Träger der eucharistischen Feier[2]; denn jede liturgische Feier ist „Werk Christi, des Priesters, und seines Leibes, der die Kirche ist" (SC 7). Es ist die Kirche, die nicht aufhört, sich zur Feier des Pascha-Mysteriums zu versammeln (SC 6). „Die liturgischen Handlungen sind nicht privater Natur, sondern Feiern der Kirche, die ‚das Sakrament der Einheit' ist; sie ist nämlich das heilige Volk, geeint und geordnet unter den Bischöfen" (SC 26). Die Eucharistie ist gemeinsame Feier des organisch gegliederten Volkes Gottes (vgl. SC 27).

Welches ist in dieser gemeinsamen Feier die „Rolle", der spezifische Beitrag und Auftrag des „Amtspriesters", des „sacerdos ministerialis" (LG 10)? Er steht der eucharistischen Versammlung vor (PO 5) und repräsentiert in ihr Christus; er handelt „in persona Christi" (SC 33; LG 28). Als Vorsteher handelt er zugleich im Namen der kirchlichen Gemeinschaft: er spricht die Gebete „im Namen des ganzen heiligen Volkes und aller Umstehenden" (SC 33), er repräsentiert also auch die Kirche als ganze und die jeweils versammelte Gemeinde. Ferner handelt er im Auftrag des Bischofs: er versammelt „im Namen des Bischofs die Familie Gottes, die als Gemeinschaft von Brüdern nach Einheit verlangt" (PO 6). In der Person und im Handeln des Amtspriesters kommt somit innerhalb der eucharistischen Versammlung sowohl der grundlegende Bezug zu Jesus Christus wie auch der Bezug zur umfassenderen Gemeinschaft der ganzen Kirche und zugleich auch die geschwisterliche Einheit der versammelten Gläubigen zum Ausdruck.

Wenn auch alle Gläubigen an der Darbringung des Opfers beteiligt sind, so kommt beim Vollzug des eucharistischen Opfers dem Amtspriester doch eine vorrangige Bedeutung zu: „er vollzieht (‚conficit') in der Person Christi das eucharistische Opfer und bringt es im Namen des ganzen Volkes Gott dar"; die Gläubigen schließen sich der eucharistischen Darbringung an („in oblationem Eucharistiae concurrunt") (LG 10). Die Priester bringen das Opfer Christi „mit ihren Händen

---

[2] Vgl. den Kommentar von J.A. Jungmann zu SC 26 in: LThK, Das Zweite Vatikanische Konzil, Teil I, Freiburg-Basel-Wien 1966, 35 f.

im Namen der ganzen Kirche bei der Feier der Eucharistie auf unblutige und sakramentale Weise dar"; „durch den Dienst der Priester vollendet sich das geistige Opfer der Gläubigen in Einheit mit dem Opfer des einzigen Mittlers Christus" (PO 2). Durch den Dienst der Priester – so legt es dieser Text nahe – findet das geistige Opfer der Gläubigen seine vollendete Einheit mit dem Opfer Christi. Ohne das Opfer, das die Priester darbringen, fehlt der Hingabe der Gläubigen offenbar die Einheit und Vollendung im Opfer Christi. Ein ähnlicher Gedanke findet sich auch in der Konstitution über die Kirche: „Am meisten üben sie (sc. die Priester) ihr heiliges Amt in der eucharistischen Feier oder Versammlung aus, wobei sie in der Person Christi handeln und sein Mysterium verkünden, die Gebete der Gläubigen mit dem Opfer ihres Hauptes vereinigen (‚vota fidelium sacrificio capitis ipsorm coniungunt') und das einzige Opfer des Neuen Bundes, das Opfer Christi nämlich, der sich ein für allemal dem Vater als unbefleckte Gabe dargebracht hat, im Meßopfer bis zur Wiederkunft des Herrn vergegenwärtigen und zuwenden" (LG 28). Es sind also die Priester, die das Opfer Christi im Meßopfer vergegenwärtigen und die Gebete der Gläubigen mit dem Opfer Christi vereinigen.

Es läßt sich nicht verkennen, daß in den Aussagen des Konzils eine Spannung besteht. Wer ist Träger und Subjekt der Eucharistiefeier? Wer vollzieht das eucharistische Opfer? Ist es das zur Feier versammelte „heilige Volk", innerhalb dessen der Priester einen wesentlichen und unerläßlichen Dienst zu vollziehen hat (vgl. SC 26)? Oder vollzieht („conficit") der Priester (sicher auch im Namen des Volkes) das Opfer, so daß die Darbringung der Gläubigen zu dem schon vollzogenen Opfer hinzutritt und die Hingabe der Gläubigen erst durch den Dienst des Priesters dem Opfer Christi verbunden wird? Beide Sichtweisen finden in den Texten des Konzils Anhalt. Immerhin ist die Betonung der „tätigen Teilnahme" der Gläubigen auch bei der Darbringung der Opfergabe selbst (SC 48) ein wichtiger Impuls des Konzils.

2. Die Anregung des Konzils im Katechismus

Wie in der Liturgiekonstituion des Konzils werden die Sakramente insgesamt und speziell auch die Eucharistie im Katechismus als liturgische Vollzüge betrachtet[3]. Der Liturgie wird eine sehr hohe Bedeutung zuerkannt: Durch die Liturgie der Kirche tut Christus sein Heilswerk kund, vergegenwärtigt es und teilt es mit (1076). „In der Liturgie der Kirche wird der Segen Gottes vollkommen geoffenbart und mitgeteilt" (1082). Innerhalb der Liturgie der Kirche bildet die Eucharistiefeier die Mitte: „Das ganze liturgische Leben kreist um das eucharistische Opfer und die Sakramente" (1113). „Die ganze Liturgie der Kirche hat in der Feier dieses Sakramentes (sc. der Eucharistie) ihren Mittelpunkt und kommt darin am deutlichsten zum Ausdruck" (1330).

Der Katechismus entfaltet in den Artikeln über die Liturgie[4] nicht nur sehr schön die theologischen, besonders die trinitarischen Dimensionen der Liturgie (1077-1109); er berücksichtigt auch den konkreten liturgischen Vollzug und zeigt wesentliche Elemente dieses Vollzugs auf: Wortverkündigung und gläubige Antwort, Anamnese und Epiklese (1100-1109). Vor allem die beiden letzten Elemente werden hervorgehoben: „Zusammen mit der Anamnese bildet die Epiklese das Herzstück jeder sakramentalen Feier, insbesondere der Eucharistie" (1106). Im Artikel über die Eucharistie (1322-1419) werden der Grundstruktur und dem Ablauf der Eucharistiefeier mehrere Nummern gewidmet (1345-1355). Der Katechismus bemüht sich also, die Sakramenten- und Eucharistielehre auch am liturgischen Vollzug

---

3 Der Katechismus handelt über die Liturgie und die Sakramente nicht im Zusammenhang des Glaubensbekenntnisses, speziell im Zusammenhang der Pneumatologie und Ekklesiologie, sondern im zweiten Hauptteil im Anschluß an die Entfaltung des Glaubensbekenntnisses. Damit wird die enge Zusammengehörigkeit von Kirche und Liturgie/Eucharistie/Sakramenten, den das Zweite Vatikanische Konzil betont hatte, vom Aufbau des Katechismus her gelockert. Darauf weist hin P. Hünermann, Die Feier des christlichen Mysteriums. Zum zweiten Teil des „Katechismus der Katholischen Kirche", in: E. Schulz (Hrsg.), Ein Katechismus für die Welt, Düsseldorf 1994, 102-105.

4 Wenn im folgenden von den Artikeln über die Liturgie die Rede ist, so sind die vier Artikel gemeint, die unter der Überschrift „Die sakramentale Heilsordnung" den ersten Abschnitt des zweiten Hauptteils des Katechismus bilden (1066-1206).

auszurichten[5], wenn auch wohl aus liturgiewissenschaftlicher Sicht in der konkreten Durchführung Mängel zu beobachten sind.

Was sagt nun der Katechismus zur „tätigen Teilnahme“ der Gläubigen an der Liturgie und zur Frage des Subjektes der liturgischen Feier, speziell der Eucharistie? Der Katechismus selbst stellt ausdrücklich die Frage: „Wer feiert die Liturgie der Sakramente?“ Er antwortet: „Die ganze *Gemeinde*, der mit Christus, dem Haupt, vereinte Leib, feiert“ (1140). „So ist bei der Feier der Sakramente die ganze Versammlung ‚Liturge‘ (Feiernde), jeder seiner Aufgabe entsprechend, aber in der ‚Einheit des Geistes‘, der in allen handelt“ (1144). In diesem Zusammenhang zitiert der Katechismus Texte des Konzils über die tätige Teilnahme der Gläubigen in der Liturgie und über das Priestertum aller Gläubigen (1140 f: SC 26 und 27; LG 10; SC 14). Entsprechend wird im Abschnitt über das eucharistische Opfer hervorgehoben, daß die Gläubigen an diesem Opfer beteiligt sind: „Die Kirche, der Leib Christi, nimmt am Opfer ihres Hauptes teil. Mit ihm wird sie selbst ganz dargebracht. Sie vereinigt sich mit seiner Fürbitte beim Vater für alle Menschen. In der Eucharistie wird das Opfer Christi auch zum Opfer der Glieder seines Leibes. Das Leben der Gläubigen, ihr Lobpreis, ihr Leiden, ihr Gebet und ihre Arbeit werden mit denen Christi und mit seiner Ganzhingabe vereinigt und erhalten so einen neuen Wert“ (1368). In diesem Text fehlt – vielleicht doch nicht zufällig – der Gedanke, der sich in LG 28 fand, daß es nämlich die Priester sind, welche die Gebete der Gläubigen mit dem Opfer Christi vereinigen.

Wenn die ganze Gemeinde Liturge ist und an der Opferhingabe teilnimmt und wenn die Eucharistie in der Versammlung der Gläubigen gefeiert wird (1329), welches ist dann die Aufgabe des Amtsträgers? Innerhalb der feiernden Gemeinde gibt es verschiedene Dienste. Der Katechismus nennt an erster Stelle den Dienst der Priester. „Diese Diener werden ausgewählt und durch das Weihesakrament geweiht. Dadurch befähigt sie der Heilige Geist, in der Person Christi, des Hauptes, zu handeln, um allen Gliedern der Kirche zu dienen. Der geweihte Amtsträger ist gleichsam die ‚Ikone‘ Christi, des Priesters“

---

[5] Vgl. das entsprechende Desiderat an eine Sakramententheologie, auf das Arno Schilson mehrfach hingewiesen hat; z.B. in: Symbolwirklichkeit und Sakrament, in: LJ 40 (1990) 51 f.

(1142). Daß der Priester aufgrund der Weihe bevollmächtigt ist, Christus als Haupt in der eucharistischen Versammlung zu repräsentieren, findet seinen vorzüglichen Ausdruck darin, daß er bei der Eucharistie den Vorsitz innehat (1142). Durch diesen besonderen Dienst des Priesters soll aber nicht aufgehoben werden, daß alle Versammelten die Eucharistie mitfeiern und mittragen. Dies kommt in einem Abschnitt des Katechismus klar zum Ausdruck:

> „*Alle kommen zusammen.* Die Christen kommen zur eucharistischen Versammlung an einem Ort zusammen. An ihrer Spitze steht Christus selbst; er ist der Haupthandelnde der Eucharistie. Er ist der Hohepriester des Neuen Bundes. Unsichtbar steht er selbst jeder Eucharistiefeier vor. Ihm repräsentierend steht der Bischof oder der Priester (die ‚in der Person Christ, des Hauptes' handeln) der Versammlung vor, nimmt die Opfergaben entgegen und spricht das Hochgebet. *Alle* sind an der Feier aktiv beteiligt, jeder auf seine Weise: die Lektoren, jene, die die Opfergaben herbeibringen, die Kommunionspender und das ganze Volk, dessen ‚Amen' die Beteiligung zum Ausdruck bringt" (1348).

Zwar wäre es wünschenswert, daß die Beteiligung des ganzen Volkes nicht nur durch den Hinweis auf das Amen-Sagen veranschaulicht, sondern noch eingehender entfaltet würde; aber es ist doch offenkundig, daß der Katechismus auch in dem Artikel über die Eucharistie nicht zurücknehmen will, daß die ganze Versammlung „Liturge" ist und nicht nur der Priester die Messe feiert und das Opfer darbringt. Es ist die Kirche, die das Opfer des Lobes und der Danksagung darbringt (1359, 1360) und die am Opfer ihres Hauptes teilnimmt. Und es ist Christus selbst (und nicht der Priester; vgl. LG 28), der „die Gläubigen mit seiner Person, seinem Lobpreis und seiner Fürbitte (vereinigt), so daß das Lobopfer an den Vater *durch* Christus und *mit* ihm dargebracht wird, um *in* ihm angenommen zu werden" (1361).

Neben den Texten, welche die Eucharistiefeier primär „kommunial" als Feier der versammelten Gemeinde betrachten, finden sich im Artikel des Katechismus über die Eucharistie aber auch Texte, die sie mehr „hierarchisch" vom Dienst des Priesters her bestimmen. Vor allem ist dies in Zitaten des Konzils von Trient (1367, vgl. 1337), des Zweiten Vatikanischen Konzils (vgl. 1369; auch 893, 1566) und in einem der „Kurztexte", die den Artikel über die Eucharistie abschließen (1410), der Fall. So ist die im Konzil gegebene Spannung auch im

Katechismus vorhanden. Aber der neue Impuls des Konzils, die „tätige Teilnahme“ aller Versammelten zu betonen und zu fördern, ist im Katechismus durchaus wirksam und wird gegenüber einigen Aussagen des Konzils teilweise sogar verstärkt.

II. Eucharistie als Gedächtnisfeier des Todes und der Auferstehung Jesu Christi: der Opfercharakter der Eucharistie

1. Der Impuls des Konzils

Ein häufig erhobener Vorwurf gegen das Konzil und die nachkonziliare Theologie und Verkündigung lautet, sie hätten den Opfercharakter der Messe vernachlässigt und statt dessen einseitig den Mahl- und Gemeinschaftscharakter betont. Tatsächlich hat das Konzil die Bedeutung der Gemeinschaft und der tätigen Teilnahme aller Versammelten in der Eucharistiefeier hervorgehoben (vgl. den ersten Punkt dieses Referates). Es hat aber auch bezüglich der Messe als Opfer eine wichtige und beachtenswerte Aussage gemacht: „Unser Erlöser hat beim Letzten Abendmahl in der Nacht, da er überliefert wurde, das eucharistische Opfer seines Leibes und Blutes eingesetzt, um dadurch das Opfer des Kreuzes durch die Zeiten hindurch bis zu seiner Wiederkunft fortdauern zu lassen und so der Kirche, seiner geliebten Braut, eine Gedächtnisfeier („memoriale“) seines Todes und seiner Auferstehung anzuvertrauen: das Sakrament huldvollen Erbarmens, das Zeichen der Einheit, das Band der Liebe, das Ostermahl, in dem Christus genossen ... wird“ (SC 47). In diesem Text greift das Konzil den biblisch gefüllten Begriff der „Gedächtnisfeier“ oder des „Gedächtnisses“ („memoriale“) auf, der sich auf der Grundlage exegetischer und liturgiegeschichtlicher Studien schon in der Vorkonzilszeit für das Verständnis der Eucharistie als Opfer auch unter ökumenischer Rücksicht als fruchtbar erwiesen hatte[6].

Die Eucharistie ist gegenüber dem Opfer Christi am Kreuz kein neues Opfer Christi. Das Kreuzesopfer wird nicht „erneuert“ („reno-

[6] Vgl. z.B. M. Thurian, L'Eucharistie, Neuchâtel 1959; dt. Eucharistie. Einheit am Tisch des Herrn, Mainz 1963.

vare"). Dies zu sagen wird im Konzil ausdrücklich als mißverständlich abgelehnt[7]. Das Opfer Christi ist in seiner Todeshingabe und in seinem Übergang zum Vater ein für allemal geschehen (vgl. Hebr 9,26-28). Es braucht nicht noch einmal zu geschehen. Es muß nicht durch Christus selbst wiederholt oder ergänzt werden. Von seiten Christi geschieht in der Eucharistie kein neues Opfer. Wohl aber wird ein „Gedächtnis" des einmaligen Opfers Christi gefeiert und darin das Opfer Christi, das Kraft der Auferstehung in Gott vollendet ist, in sakramentaler Weise vergegenwärtigt (vgl. LG 28; PO 5). Diese sakramentale Vergegenwärtigung geschieht entsprechend dem biblischen Verständnis des Gedächtnisses im gottesdienstlichen Handeln der versammelten Gläubigen: in Danksagung, Epiklese und Anamnese. Sie geschieht darin, daß die Gläubigen sich die Hingabe Jesu schenken lassen, in die Opferhingabe Jesu eintreten und sich selbst mit Jesu darbringen (vgl. LG 11). Dieses „Mitopfern" der Gläubigen wird in der Eucharistiefeier erneuert. Darin vergegenwärtigt sich das einmalige Opfer Christi. Die hier nur angedeuteten Zusammenhänge sind in dem vom Konzil verwendeten Begriff des „Gedächtnisses" enthalten. Der von seinen biblischen Ursprüngen her verstandene Begriff des „Gedächtnisses" ermöglicht es, die Eucharistiefeier in ihrer Ganzheit als Vergegenwärtigung des Opfers Christi zu verstehen und so die Trennung zwischen Opfer und Mahl, zwischen Opfer und Sakrament zu überwinden.

2. Die Anregung des Konzils im Katechismus

Der Katechismus betont sehr klar und entschieden die Einzigkeit und Endgültigkeit des erlösenden Opfers Christi am Kreuz. „Dieses Opfer Christi ist einmalig; es vollendet und überholt alle Opfer. Es ist zunächst eine Gabe Gottes des Vaters selbst: Der Vater gibt seinen Sohn dahin, um uns mit sich zu versöhnen. Gleichzeitig ist es eine Opfergabe des menschgewordenen Gottessohnes, der aus freiem Willen und aus Liebe im Heiligen Geist sein Leben seinem Vater darbringt, um unseren Ungehorsam zu sühnen" (614). Der Versöhnungswille Got-

[7] Vgl. J.A. Jungmann in seinem Kommentar zum Text: Lexikon für Theologie und Kirche. Das Zweite Vatikanische Konzil, Teil I, Freiburg-Basel-Wien 1966, 51.

tes ist also Ursprung und Ausgangspunkt der Opferhingabe Jesu und nicht – wie leider immer noch oft verstanden wird – deren Ergebnis. Gott bedarf nicht, um versöhnlich gestimmt zu werden, einer blutigen Sühneleistung von seiten der Menschen. Er muß nicht durch eine Opferhandlung erst versöhnt werden[8]. In unser von Sünde und Gewalt beherrschten Welt wird der Versöhnungswille Gottes aber dadurch wirksam, daß Jesus als Sohn Gottes mit uns Sündern solidarisch wird (vgl. 602, 603) und Sünde und Gewalt stellvertretend „ausleidet" und in diesem Sinne sühnt. Das Opfer Christi besteht in personaler Hingabe; es ist ein Vollzug der Liebe: „Das einzig vollkommene Opfer ist jenes, das Christus am Kreuz in völliger Hingabe an die Liebe des Vaters und zu unserem Heil dargebracht hat. Indem wir uns mit seinem Opfer vereinen, können wir unser Leben zu einer Opfergabe an Gott machen" (2100).

Weil also das Opfer, das Christus am Kreuz dargebracht hat, ein für allemal geschehen ist (1364), deshalb ist die Eucharistie nicht als neues Opfer Christi zu verstehen. Sie ist vielmehr „Gedächtnis seines Opfers" (1357). Sie ist „das Gedächtnis des Pascha Christi, die sakramentale Vergegenwärtigung und Darbringung seines einzigen Opfers in der Liturgie seines Leibes, der Kirche" (1362; vgl. 610).

Der Katechismus greift also den Begriff des „Gedächtnisses", des „Gedenkens" auf und erläutert auch von ihm her den Opfercharakter der Eucharistie: „Die Eucharistie ist auch ein Opfer, weil sie Gedächtnis an das Pascha Christi ist" (1365). „Im Neuen Bund erhält das Gedächtnis einen neuen Sinn. Wenn die Kirche Eucharistie feiert, gedenkt sie des Pascha Christi, dieses wird gegenwärtig. Das Opfer, das Christus am Kreuz ein für allemal dargebracht hat, bleibt stets gegenwärtig wirksam" (1364). Vor allem im Artikel „Die Liturgie – Werk der Heiligsten Dreifaltigkeit" (1077-1109) werden in ansprechender Weise verschiedene Aspekte des „Gedenkens" dargelegt. Voraussetzung des vergegenwärtigenden Gedenkens ist die bleibende Gegenwart des Pascha-Mysteriums in Gott: Das Pascha-Mysterium

---

8 Deshalb ist es mißverständlich, wenn es in einem Zitat von Cyrill v. Jerusalem heißt: „Wir opfern den für unsere Sünden hingeopferten Christus. Dadurch versöhnen wir den menschenfreundlichen Gott mit ihnen (sc. den Verstorbenen) und mit uns" (1371).

– darin unterscheidet es sich nach einer kritisch zu hinterfragenden[9] Auffassung des Katechismus von allen anderen Ereignissen (1085) – versinkt nicht in der Vergangenheit. Es „kann nicht in der Vergangenheit bleiben, denn durch seinen Tod hat er den Tod besiegt. Alles, was Christus ist, und alles, was er für alle Menschen getan und gelitten hat, nimmt an der Ewigkeit Gottes teil, steht somit über allen Zeiten und wird ihnen gegenwärtig. Das Ereignis des Kreuzes und der Auferstehung ist etwas *Bleibendes* und zieht alles zum Leben hin" (1085). Weil das Pascha-Mysterium aufgrund der Auferstehung etwas Bleibendes ist, bedarf es keiner Wiederholung. „Das Pascha-Mysterium wird (sc. in der Liturgie) gefeiert, nicht wiederholt" (1104). Das vergegenwärtigende Gedenken in der Liturgie geschieht durch das Wirken des Heiligen Geistes. „Der Heilige Geist erinnert an das Mysterium Christi." „Der Geist und die Kirche wirken zusammen, um in der Liturgie Christus und sein Heilswerk zu bekunden. In erster Linie bei der Eucharistiefeier ... ist die Liturgie Feier des *Gedenkens* an das Heilsmysterium. Der Heilige Geist ist das lebendige Gedächtnis der Kirche" (1099). Der Heilige Geist gibt dem Wort Gottes, das in der Liturgie verkündet und gehört wird, Leben, „damit es aufgenommen und ins Leben umgesetzt werden kann" (1100; vgl. 1101, 1102). In der Epiklese wird das Wirken des Heiligen Geistes erbeten (1105). In der Anamnese weckt der Heilige Geist das Gedenken der Kirche und regt die Gläubigen zu Danksagung und Lobpreis an (1103). Sein Wirken zielt darauf hin, daß die Gläubigen selbst beim Empfang des Leibes und Blutes Christi zu einer lebendigen Opfergabe für Gott werden (1105, 1109). Die gesamte Eucharistiefeier (Wortgottesdienst und Kommunion eingeschlossen) ist also getragen vom erinnernd-vergegenwärtigenden Wirken des Heiligen Geistes. Im Gesamt der Eucharistiefeier geschieht das Gedächtnis des Mysteriums Christi und seiner Opfergabe. Diese umfassende Sichtweise entspricht dem gefüllten biblisch fundierten Verständnis von Gedächtnis und entfaltet das, was in der Liturgiekonstitution des Konzils (SC 47) im Begriff der „Gedächtnisfeier" eingeschlossen ist.

Diese umfassende Sichtweise, die im Artikel des Katechismus über die Liturgie gegeben ist, wird im eigentlichen Artikel über die Eucha-

---

[9] Vgl. P. Hünermann, a.a.O. 111-113.

ristie sicher nicht aufgegeben; aber sie bleibt doch nicht in der möglichen und wünschenswerten Klarheit wirksam. Das Gedächtnis des Pascha Christi und seines Opfers erscheint jetzt als *ein* Aspekt der Eucharistiefeier, der neben den Aspekten Dank- und Lobopfer, Gegenwart Christi und österliches Mahl behandelt wird (vgl. 1356-1401). Durch diese Nebeneinandersetzung wird nicht mehr deutlich, daß das vergegenwärtigende Gedächtnis des Opfers Christi sich gerade im Verkünden und gläubigen Hören des Wortes Gottes, in Dank und Lobpreis, in Anamnese und Epiklese sowie im Empfang des Leibes und Blutes Christi vollzieht. Auffallend ist auch, daß im Artikel über die Eucharistie im Unterschied zu den Artikeln über die Liturgie die pneumatologische Dimension sehr in den Hintergrund tritt. Während nach den Artikeln über die Liturgie der Heilige Geist im gesamten Vollzug der Eucharistiefeier das „Gedenken" weckt, wird im Artikel über die Eucharistie das Wirken des Heiligen Geistes fast nur erwähnt, wenn von der Verwandlung von Brot und Wein in Leib und Blut Christi gesprochen wird (vgl. 1353, 1357, 1375, 1392, 1412). Die Darlegungen über die Eucharistie hätten an innerer Einheit und Konsistenz gewonnen, wenn das pneumatologisch fundierte Verständnis des Gedächtnisses, wie es in den Artikeln über die Liturgie entfaltet wird, konsequenter berücksichtigt worden wäre.[10]

Zusammenfassend kann man feststellen: Die Anregung des Konzils, die Eucharistie als „Gedächtnisfeier des Todes und der Auferstehung Jesu Christi" zu verstehen, wird vom Katechismus insgesamt durchaus aufgegriffen. In den Kapiteln über die Liturgie wird sie in ansprechender Weise entfaltet. Im Kapitel über die Eucharistie selbst wird sie in ihren Möglichkeiten für ein ganzheitliches Verständnis der Eucharistiefeier nicht voll ausgeschöpft.

---

[10] Auf einen Unterschied zwischen den genannten Artikeln des Katechismus weist auch hin P. Gervais, La célébration du mystère chrétien. Le Catéchisme de l'Eglise Catholique, in: NRTh 115 (1993), 510-512.

III. Die Gegenwart Christi in der Eucharistiefeier

1. Der Impuls des Konzils

Im Einklang mit der gesamten kirchlichen Überlieferung sagt das Konzil die Präsenz Christi in der Eucharistie aus: „Die Heiligste Eucharistie enthält ... das Heilsgut der Kirche in seiner ganzen Fülle, Christus selbst, unser Osterlamm und das lebendige Brot. Durch sein Fleisch, das durch den Heiligen Geist lebt und Leben schafft, spendet er den Menschen das Leben ..." (PO 5). Während jedoch die mittelalterliche, tridentinische und neuzeitliche Theologie in einer gewissen Engführung die Gegenwart Christi fast ausschließlich in den eucharistischen Gestalten betrachtete und bedachte, hat das Konzil den Blick wieder erweitert. Hier ist vor allem auf die Nr. 7 der Liturgiekonstitution hinzuweisen: „Um aber dieses so große Werk zu vollenden, ist Christus immer bei seiner Kirche, besonders in den liturgischen Handlungen. Gegenwärtig ist er im Opfer der Messe sowohl in der Person des Dieners – denn ‚derselbe bringt das Opfer jetzt durch den Dienst des Priesters dar, der sich selbst einst am Kreuz dargebracht hat' –, als auch vor allem unter den eucharistischen Gestalten. Gegenwärtig ist er mit seiner Kraft in den Sakramenten, so daß, wenn einer tauft, Christus selbst tauft. Gegenwärtig ist er in seinem Wort, da er ja selbst spricht, wenn die Heiligen Schriften in der Kirche gelesen werden. Gegenwärtig ist er schließlich, wenn die Kirche betet und singt, er der versprochen hat: ‚Wo zwei oder drei in meinem Namen versammelt sind, da bin ich in ihrer Mitte' (Mt 18,20)." (SC 7). Die Aussage dieses Textes wird in der Allgemeinen Einführung in das Römische Meßbuch (H 1969) aufgegriffen und prägnanter auf die Eucharistiefeier hin formuliert: „In der Meßfeier, die das Kreuzesopfer Christi zu allen Zeiten vergegenwärtigt, ist Christus wirklich gegenwärtig in der Gemeinde, die sich in seinem Namen versammelt, in der Person des Amtsträgers, in seinem Wort sowie wesenhaft und fortdauernd unter den eucharistischen Gestalten" (Allgemeine Einführung, Nr. 7). Beide Texte nennen u.a. die im Namen Christi versammelten Gläubigen als Ort der Gegenwart Christi; sie eröffnen damit die Möglichkeit, Christus in der gesamten gottesdienstlichen Feier der versammelten Gemeinde als gegenwärtig anzuerkennen. Für ein rechtes Verständnis der Liturgie und der gottesdienstlichen Versammlung ist dieser Sachverhalt von grundlegender Bedeutung.

2. Die Anregung des Konzils im Katechismus

In den Artikeln des Katechismus über die Liturgie wird die Gegenwart Christi und seines Heilswerkes in der Liturgie der Kirche betont. „Der verherrlichte Christus ist seit der Kirche der Apostel in der irdischen Liturgie zugegen, die an der himmlischen Liturgie teilnimmt" (vgl. die Überschriften zwischen 1084-1090). In diesem Zusammenhang wird auch die Nr. 7 der Liturgiekonstitution über die verschiedenen Gegenwartsweisen zitiert (1088). Im Artikel über die Eucharistie findet sich ein eigener Abschnitt über die „Gegenwart Christi durch die Kraft seines Wortes und die Kraft des Heiligen Geistes." Hier wird gleich in der ersten Nummer darauf hingewiesen, daß Christus „in seiner Kirche auf mehrfache Weise gegenwärtig" ist; es werden die in SC 7 aufgezählten Weisen genannt und sogar erweitert: Christus ist gegenwärtig auch „in den Armen, den Kranken, den Gefangenen" (1373). Für diese Erweiterung, die mit Verweis auf Mt 25, 31-46 geschieht, muß man den Verfassern des Katechismus besonders dankbar sein; denn sie bringt die Dimension zur Sprache, ohne die die Eucharistie als Herrenmahl verfälscht wird (vgl. 1 Kor 11,20). Nach diesem Verweis auf die mehrfache Weise der Gegenwart Christi wird in den weiteren Nummern des Abschnitts allerdings nur noch über die Gegenwart Christi unter den eucharistischen Gestalten gesprochen. Auch wenn diese Weise der Gegenwart als „einzigartig" anzusehen ist (1374) und die Verehrung Christi unter den eucharistischen Gestalten zu Recht geschätzt und empfohlen wird (1378, 1380, 1381), so wäre es doch wünschenswert gewesen, die anderen Weisen der Gegenwart ebenfalls ein wenig mehr zu bedenken und vielleicht ihren inneren Zusammenhang anzudeuten. Da dies nicht geschehen ist, erhalten die Aussagen über die Gegenwart Christi in der Eucharistie doch ein einseitiges Gefälle. Die Anregung des Konzils ist zwar aufgegriffen; aber doch nicht voll wirksam geworden.

Der Katechismus versucht mit einem Zitat aus der Enzyklika Pauls VI „Mysterium fidei" die Besonderheit der Gegenwart Christi unter den eucharistischen Gestalten gegenüber den andern Weisen der Gegenwart zu erklären: „Diese Gegenwart wird nicht ausschlußweise

‚wirklich' genannt, als ob die anderen nicht ‚wirklich' seien, sondern vorzugsweise, weil sie *substantiell* ist; in ihr wird nämlich der ganze und unversehrte Christus, Gott und Mensch gegenwärtig (MF 39)" (1374). Aber kann denn Christus – wenn er denn „wirklich" gegenwärtig wird – anders als „ganz und unversehrt, als Gott und Mensch gegenwärtig" werden? So wird mit dieser Erklärung die Besonderheit der Gegenwart Christi unter den eucharistischen Gestalten doch noch nicht genügend erläutert. Um eine Antwort zu finden, müßte wohl zunächst einmal auf der Ebene des liturgischen Vollzugs die Besonderheit des spezifisch eucharistischen Teiles (Hochgebet und Mahlfeier) innerhalb Eucharistiefeier als ganzer bedacht werden[11]. Denn nicht die Anwesenheit Christi selbst ändert sich jeweils, sondern nur die Weise, wie sich diese Anwesenheit in den menschlich-kirchlichen Vollzügen und weltlichen Gegebenheiten vermittelt. Also müssen diese Vollzüge in ihrer jeweiligen Besonderheit und ihrer Bezogenheit aufeinander untersucht und erläutert werden. Solange dies nicht geschieht, wird es schwerfallen, die Eigenart der Gegenwart Christi unter den eucharistischen Gestalten zu erklären.

Die Verwandlung von Brot und Wein in den Leib und das Blut Christi erklärt der Katechismus mit dem Konzil von Trient als Substanzverwandlung (1374). Neuere Erläuterungsmodelle (Transsignifikation, Transfinalisation) werden nicht erwähnt. Sie werden also weder positiv gewürdigt noch verworfen.

IV. Eucharistie und Dienst am Mitmenschen

1. Der Impuls des Konzils

Das Konzil hat der Liturgie einen sehr hohen Stellenwert innerhalb des Lebens der Kirche zuerkannt. Es hat die Eucharistie als Quelle, Mitte und Höhepunkt des ganzen Lebens einer christlichen Gemeinde bezeichnet. Es wollte das Tun der Kirche und das christliche Leben aber keineswegs auf die Liturgie und auf die Eucharistie einschränken. Deshalb betont die Liturgiekonstitution selbst: „In der heiligen Litur-

---

[11] Vgl. dazu E. Kunz, Eucharistie – Ursprung von Kommunikation und Gemeinschaft, in: ThPh 58 (1983) 321-345 (hier besonders 332 ff.).

gie erschöpft sich nicht das ganze Tun der Kirche" (SC 9). Aus der Liturgie, speziell der Eucharistie, entspringt der Impuls zu Werken der Liebe, der Frömmigkeit und des Apostolates (vgl. SC 9, 10). Außerhalb der Liturgiekonstitution weist das Konzil in zwei Dekreten auf einen Zusammenhang zwischen Eucharistie und dem liebenden Einsatz für die Menschen, für Gerechtigkeit, Friede und eine brüderlich-geschwisterliche Welt hin. Im Dekret über das Laienapostolat (Apostolicam actuositatem, Nr. 8) spricht das Konzil über die Bedeutung der Liebe zum Nächsten und weist dabei positiv zustimmend darauf hin, daß die Kirche schon in ihrer Frühzeit die Feier der Agape mit dem eucharistischen Mahl verbunden habe „und so, als ganze durch das Band der Liebe um Christus geeint, in Erscheinung trat"; „an diesem Zeichen der Liebe wird sie zu allen Zeiten erkannt." Eucharistie bedarf des Umfelds gelebter Liebe.

Die Konstitution „Gaudium et Spes" über die Kirche in der Welt handelt in Nr. 38 über das Suchen der Menschen nach allumfassender Brüderlichkeit und Menschlichkeit. Jesus Christus belebt, reinigt und stärkt durch den Heiligen Geist die selbstlosen Bestrebungen der Menschen und gibt die Gewißheit, daß dieses Bemühen um eine menschlichere Welt nicht vergeblich ist. „Ein Angeld dieser Hoffnung (auf allumfassende Brüderlichkeit etc.) und eine Wegzehrung (Stärkung) hinterließ der Herr den Seinen in seinem Sakrament des Glaubens, in dem unter der Pflege des Menschen gewachsene Früchte der Natur in den Leib und das Blut des verherrlichten Herrn verwandelt werden zum Abendmahl brüderlicher Gemeinschaft und als Vorfeier des himmlichen Gastmahls." Die Eucharistie ist also Beginn geschwisterlicher Gemeinschaft und Stärkung auf dem Weg zu umfassenderer Gemeinschaft.

2. Die Anregung des Konzils im Katechismus

Auf den ersten Blick könnte man den Eindruck gewinnen, der Katechismus erliege in seinem Zweiten Teil über die Feier des christlichen Mysteriums einer Engführung des kirchlichen Lebens auf die Liturgie. In der Zeit der Kirche tut Christus sein Heilswerk „durch die Liturgie der Kirche" kund (1076). Aber tut er es nicht auch durch die Diakonie der Kirche, der Gläubigen kund? „Während dieser Zeit der Kirche lebt und handelt Christus fortan in und mit seiner Kirche auf eine neue, für diese neue Zeit eigene Weise. Er handelt durch die Sakramente"

(1076). Aber handelt er nicht ebenso, vielleicht sogar noch fundamentaler durch die Werke der Liebe, in denen sich der Glaube wirksam erweist? Bei näherem Zusehen entdeckt man aber im Katechismus einige wertvolle Hinweise über den inneren Zusammenhang von Liturgie/Eucharistie und liebendem Einsatz für die Mitmenschen. „Im Neuen Testament bezeichnet das Wort ‚Liturgie' nicht nur die Feier der Gottesdienste (vgl. Apg 13,2; Lk 1,23 gr.), sondern auch die Verkündigung des Evangeliums (vgl. Röm 15,15; Phil 2,14-17 und 2,30) und die tätige Nächstenliebe (vgl. Röm 15,27; 2 Kor 9,12; Phil 2,25). Bei alldem geht es um den Dienst an Gott und den Menschen. In der Liturgiefeier ist die Kirche Dienerin nach dem Vorbild ‚ihres Herrn', des einzigen ‚Liturgen' (vgl. Hebr 8,2 gr.), indem sie in Gottesdienst, Verkündigung und Liebesdienst am Amt Christi als Priester, Prophet und König teilnimmt" (1070); vgl. auch 1072). In der Epiklese der Eucharistiefeier wird nicht nur um die Verwandlung der Opfergaben gebetet (1105), sondern auch darum, daß die Gläubigen zu einer lebendigen Opfergabe für Gott werden: „durch die geistige Umgestaltung nach dem Bilde Christi, durch die Sorge um die Einheit der Kirche und durch die Beteiligung an seiner Sendung im Zeugnis und im Dienst der Liebe" (1109). Daß der Katechismus unter den Weisen der Gegenwart Christi auch die Gegenwart „in den Armen, den Kranken, den Gefangenen" erwähnt (1373), wurde oben schon dargelegt. In dem Abschnitt „Die Früchte der Kommunion" (1391-1401) wird in einer eigenen Nummer auch auf die Verpflichtung gegenüber den Armen hingewiesen: „Um den Leib und das Blut Christi, die für uns hingegeben wurden, in Wahrheit zu empfangen, müssen wir Christus auch in den Ärmsten, seinen Brüdern, erkennen (vgl. Mt 25,40)" (1397). Bei der Darlegung des Ablaufs der Eucharistiefeier erinnert der Katechismus auch daran, daß die Christen von Anfang an „neben Brot und Wein für die Eucharistie auch Gaben zur Unterstützung Bedürftiger" mitgebracht haben (1351). So hat der Katechismus den inneren Zusammenhang von Liturgie/Eucharistie und Diakonie, auf den das Konzil (seinerseits durchaus verhalten) aufmerksam gemacht hat, nicht vergessen.

Zusammenfassendes Ergebnis

Die vier Impulse des Zweiten Vatikanischen Konzils, die in diesem Beitrag untersucht wurden, sind in den Aussagen des Katechismus über die Liturgie und die Eucharistie durchaus aufgegriffen worden.

Die entsprechenden Texte des Konzils werden zitiert. Die behandelten Anliegen des Konzils sind im Katechismus wirksam geworden. Bezüglich des Verständnisses der Liturgie und der Eucharistie kann man sich m.E. nicht gegen das Konzil auf den Katechismus berufen. Dies gilt insbesondere auch für die Bedeutung, die das Konzil der „tätigen Teilnahme" der Gläubigen an der Liturgie und der Eucharistiefeier gegeben hat. Hier hat der Katechismus den Impuls des Konzils in manchen Aussagen eher verstärkt als abgeschwächt. Träger und Subjekt der liturgischen Feier ist die ganze Gemeinde, die Gemeinschaft der Getauften, die am Priestertum Christi, des einzigen Priesters, teilhaben (1140, 1141). Allerdings führt der Katechismus Spannungen, die im Konzil selbst eher unausgeglichen vorliegen, nicht zu größerer Klarheit. Insgesamt wird innerhalb des Katechismus ein Gefälle zwischen den Artikeln über die Liturgie und dem Artikel über die Eucharistie sichtbar. Während in den Artikeln über die Liturgie die gesamte liturgische Feier als vom Heiligen Geist gewirktes „Gedächtnis" und somit als Vergegenwärtigung des Pascha-Mysteriums betrachtet wird, wird diese Sichtweise im Artikel über die Eucharistie nicht in derselben Konsequenz wirksam. Ein Grund für diesen Unterschied ist vielleicht folgender: Die Artikel über die Liturgie stützen sich (wenn man von Artikel 2 über die Sakramente absieht: 1113-1134) vornehmlich auf Aussagen der Heiligen Schrift und des Zweiten Vatikanischen Konzils. Auf dieser Basis wird ein recht einheitliches Verständnis entwickelt, das den Anliegen des Konzils entspricht. Im Artikel über die Eucharistie mußten auch andere lehramtliche Aussagen, vor allem des Konzils von Trient, berücksichtigt werden. Eine einheitliche Interpretation der aus unterschiedlichen geschichtlichen Kontexten stammenden Traditionsstücke mußte schwerfallen. So bleibt es im Artikel über die Eucharistie – wie wohl auch an anderen Stellen des Katechismus – teilweise bei einer Nebeneinanderstellung der verschiedenen Aussagen.[12] Dies stellt die Benutzer des Katechismus vor die Aufgabe und gibt ihnen zugleich die Freiheit, die verschiedenen Aussagen von der Mitte des Glaubens her aufzuschließen, von jener Mitte her, die in der Eucharistie als „Geheimnis des Glaubens" gefeiert wird.

---

[12] Vgl. U. Ruh, Der Weltkatechismus. Anspruch und Grenzen, Freiburg-Basel-Wien 1993, 97 f.

Frieder Schulz

Evangelische Marginalien zum Eucharistie-Artikel des *Katechismus der Katholischen Kirche* (KKK)

Vorbemerkungen

Gegenstand der Betrachtung ist ein, wie man früher gesagt hätte, Großer Katechismus, in dem das katholische Eucharistieverständnis normativ vermittelt wird. Es läge daher nahe, bei Anmerkungen aus evangelischer Sicht von den Aussagen des nach Umfang und Inhalt in etwa entsprechenden Evangelischen Erwachsenen-Katechismus (1975) auszugehen[1].

Vielleicht wäre es jedoch unter ökumenischem Aspekt angezeigt, die von der evangelischen Seite mitverantworteten Ergebnis-Dokumente bilateraler Gespräche heranzuziehen, wie sie in dem Dokument „Das Herrenmahl" (1978)[2] und vor allem in der Studie „Lehrverurteilungen – kirchentrennend?" (1986)[3] vorliegen.

Schließlich könnte es auch aufschlußreich sein, die Aussagen des katholischen „Weltkatechismus" über die Eucharistie mit den entsprechenden Abschnitten der neueren katholischen Publikationen in deutscher Sprache zu vergleichen und die innerkatholische Kritik als Argumentationshilfe bei der Darstellung der evangelischen Position zu nützen. Hier wären zu nennen: die „Glaubensverkündigung für Erwachsene" (1968)[4], der „Katholische Erwachsenen-Katechis-

---

1 Gütersloh 1975, 1104-1122

2 Gemeinsame römisch-katholische / evangelisch-lutherische Kommission: Das Herrenmahl, Frankfurt/Paderborn [5]1979.

3 Band I: Rechtfertigung, Sakrament und Amt im Zeitalter der Reformation und heute, hrsg. von K. Lehmann/W. Pannenberg, Freiburg/Göttingen 1986.

4 Deutsche Ausgabe des Holländischen Katechismus, Nijmegen/Utrecht 1968.

mus“ (1985)[5] und das „Glaubensbuch der belgischen Bischöfe“ (1987)[6].

Mit Rücksicht auf die Aufgabenstellung und auf das Fachgebiet des Referenten soll jedoch ein anderer Weg beschritten werden, der in formalem Anschluß an das in neuerer Zeit wieder vermehrt zur Geltung gekommene Axiom „Lex orandi – Lex credendi“[7] folgendermaßen beschrieben werden kann: Der „Katechismus der Katholischen Kirche“ (im folgenden = Katechismus) enthält bezüglich des Sakraments der Eucharistie die Lex credendi[8].

Die entsprechende Lex orandi soll dem Vorentwurf der sogenannten Erneuerten Agende (1990)[9] entnommen werden, die also Grundlage der evangelischen Marginalien sein wird. Dieses Verfahren empfiehlt sich auch deshalb, weil es auf evangelischer Seite kein zentrales kirchliches Lehramt gibt und weil innerevangelische Konsens-Dokumente wie die Arnoldshainer Abendmahlsthesen (1957)[10] oder die Leuenberger Konkordie (1973)[11] die evangelische Position nicht im Detail und nicht im Blick auf die katholische Tradition entfalten.

Die Erneuerte Agende, deren Rezeption für etwa 4/5 der evangelischen Kirchen in Deutschland derzeit im Gange ist, verbindet Tradition und Reform-Impulse der gegenwärtigen Liturgie-Praxis zu einem gemeinsamen Gottesdienstbuch. Die darin enthaltenen Strukturen, Elemente und Texte des Gottesdienstes mit Abendmahl stellen daher in gewisser Weise eine Summa des evangelischen Abendmahlsverständnisses dar. Was ständig in den Gottesdiensten der Gemeinde laut wird, übertrifft an prägender Kraft die einzelnen, oft unterschiedlichen Lehräußerungen evangelischer Synoden, Bischöfe und Professoren.

---

[5] Das Glaubensbekenntnis der Kirche, hrsg. von der Deutschen Bischofskonferenz, Kevelaer u.a. 1985.

[6] Unser Glaube. Wie wir ihn bekennen, feiern und leben, Freiburg 1987.

[7] Vgl. schon: W. Hahn, Lex orandi – Lex credendi als theologisches Prinzip im Lichte der Heiligen Schrift, in: MPTh 45 (1956), 413-419; P. de Clerck, Lex orandi – Lex credendi, in QuLi 59 (1978), 193-212.

[8] Vgl. auch im Katechismus 1124 und 1126.

[9] Hannover/Bielefeld 1990 (= EA).

[10] Text in: Zur Lehre vom Heiligen Abendmahl, hrsg. von G. Niemeier, München 1958 (mit Kommentar); Das Mahl des Herrn. 25 Jahre Arnoldshain, Neukirchen 1982 (Text: 64-68).

Die folgenden Darlegungen sind folgendermaßen gegliedert:

1 Allgemeine Beobachtungen
2 Sekundäre Konvergenz
3 Die Haupt-Differenz
4 Weitere Divergenzen
5 Defizite und Desiderate.

1. Allgemeine Beobachtungen

1.1 Bekanntlich besteht zwischen der Lex orandi und der Lex credendi eine wechselseitige Beziehung[12]. So ist die reformatorische Umgestaltung der Abendmahls-Liturgie ein Beispiel dafür, wie die dem biblischen Zeugnis entnommene Lex credendi die nach Meinung der Reformatoren im Lauf der Geschichte verunklärte Lex orandi korrigiert und modifiziert hat.

Andererseits kann man beobachten, daß in letzter Zeit vermehrt über den Gottesdienst als Quelle theologischer Aussagen[13] nachgedacht wird. So enthalten die Dokumente zwischenkirchlicher Lehrgespräche neuerdings zusätzlich zu den Darlegungen über das Verständnis des Abendmahls auch mehr oder weniger ausführliche Beschreibungen der Abendmahls-Liturgie. Das gilt schon für das innerevangelische Konsens-Dokument „Arnoldshainer Abendmahlsthesen“

---

[11] Konkordie reformatorischer Kirchen in Europa. Text in: Ökumenische Perspektiven Nr. 10, Frankfurt 1982, 13-22; Ausgabe in deutscher, französischer und englischer Sprache, Frankfurt 1993.

[12] G. Wainwright, Doxology, London 1980-^{2}1982, 218: „The linguistic ambiguity of the latin tag corresponds to a material interplay which in fact takes place between worship and doctrine in Christian practice: worship influences doctrine, and doctrine influences worship.“

[13] Vgl. K. Lehmann, Gottesdienst als Ausdruck des Glaubens, in LJ 30 (1980), 197-214; P. Tamburino, Lex orandi – Lex credendi. Per un discorso liturgico nell'ecumenismo, in: RivLi 68 (1981), 313-321; G. Wainwright, Der Gottesdienst als locus theologicus, in: KuD 28 (1982), 248-258; A. Schmemann, Théologie liturgique, in: Bibliotheca Ephemerides liturgicae, Subsidia 27, Rom 1982, 297-303; T. Berger, Lex orandi – Lex credendi – Lex agendi, in: ALw 27 (1985), 425-432.

(These 3) und für den Limatext Eucharistie (Art.27)[14]. Im bilateralen Dokument „Das Herrenmahl“ sind sogar eine Reihe von Liturgien ausgedruckt, wozu bemerkt wird: „Insbesondere wurde die liturgische Konkretgestalt in die Überlegungen einbezogen, da zur eucharistischen Wirklichkeit Lehre und Leben, Bekenntnis und liturgische Form, Frömmigkeit und Praxis gehören“[15].

Ganz im gleichen Sinn haben auch die neueren katholischen Katechismen einen eigenen Abschnitt über den Aufbau der Eucharistiefeier. Auch der „Weltkatechismus“ informiert ausführlich über „Die Messe aller Jahrhunderte“ (1345-1347)[16] und über den „Ablauf der Feier“ (1348-1355). Diese Beobachtungen rechtfertigen das Verfahren, dem Katechismus als einem Lehrdokument die Erneuerte Agende als ein liturgisches Dokument gegenüberzustellen, um von daher die evangelische Position zu verdeutlichen.

1.2 Gleich zu Anfang des Eucharistie-Artikels bringt der Katechismus eine Liste der Benennungen, in denen „der unerschöpfliche Gehalt dieses Sakraments zum Ausdruck kommt“ (1328-1332). Auf diese Weise werden schon einmal vorweg die verschiedenen Aspekte der Eucharistie in knapper Form dargestellt.

Nun hat bekanntlich die Rückbindung an die deutsche Bibel auf evangelischer Seite dazu geführt, daß man fast ausschließlich den Begriff „Abendmahl“ verwendet; das gilt auch für die Erneuerte Agende. Luther hatte ja das griechische deipnon, was die am Abend stattfindende Hauptmahlzeit bezeichnet, eben mit dem Wort „Abendmahl“ übersetzt.

Doch gab es schon im Reformations-Zeitalter Zusammenstellungen der verschiedenen deutschen, lateinischen und griechischen Bezeichnungen für das Abendmahl. Damit war ebenfalls beabsichtigt, bestimmte inhaltliche Aspekte hervorzuheben[17]. In der Gegenwart

---

14 Taufe, Eucharistie und Amt. Konvergenzerklärungen der Kommission für Glauben und Kirchenverfassung des Ökumenischen Rats der Kirchen, Frankfurt/Paderborn 1982.

15 Herrenmahl 10 (vgl. Anm.2).

16 Ziffern in Klammern = Ziffern des Katechismus.

17 Z.B.: M. Luther, Formula missae 1523 (WA 12, 208, 8-11); Apologie der Confessio Augustana 1531 § 78: De vocabulis missae (BSLK 371); KO Hohenlohe 1553, verfaßt von Caspar Huberinus (EKO 15,65f.).

hat auch der Lima-Text Eucharistie gleich am Ende des Artikel 1 eine Liste von solchen Benennungen aufgenommen.

Es ist nun interessant, die Termini des Katechismus mit den auf evangelischer Seite gebräuchlichen oder für möglich gehaltenen zu vergleichen. Dabei zeigt sich eine fast völlige Übereinstimmung. Auch der auf katholischer Seite und im ökumenischen Kontext bevorzugte Begriff „Eucharistie“, mit dem es die evangelischen Gemeinden noch schwer haben, sowie die ostkirchlichen Termini „Liturgie“ und „Synaxis“[18] werden auf evangelischer Seite nicht ausgeschlossen. Luthers Benennungsliste endet mit der Bemerkung: „vel quocunque nomine pio placet“. So verwendet auch die Erneuerte Agende erstmals den bisher in evangelischen Agenden ungebräuchlichen Ausdruck „Eucharistiegebet“.

Allerdings muß nun auf die einzige und gewichtige Ausnahme hingewiesen werden. Was auf evangelischer Seite damals wie heute nicht rezipiert werden kann, sind Begriffe wie „Heiliges Opfer“ und „Meßopfer“ (1330). Das zeigt schon einmal vorweg, daß „Opfer“ in den Reformationskirchen ein negativ besetzter Begriff ist, über den im folgenden noch gesprochen werden muß.

1.3 Es ist bemerkenswert, daß der Katechismus nicht nur Lehraussagen enthält, die durch zahlreiche Kirchenväterzitate und Hinweise auf kirchenamtliche Erlasse belegt werden, sondern daß auch die geschichtliche Entwicklung wenigstens für die Frühzeit dokumentiert wird. Dadurch erweist sich die Eucharistie bis zu einem gewissen Grade als „gewordene“[19] Eucharistie. Das kommt vor allem in einem langen Justin-Zitat zum Ausdruck (1345).

Nun bringt der Katechismus zwar nicht den liturgischen Mischtext der Einsetzungsworte, in dem die verschiedenen Überlieferungen dieser Worte zusammengefaßt sind, sondern nur die lukanische Version (1339). Es werden aber immerhin die alttestamentlichen Typoi der Mahlfeier (1339) ebenso wie die neutestamentlichen Speisungsgeschichten (1335) und die nachösterliche Emmausbegegnung (1347) erwähnt.

---

[18] Apologie und Hohenlohe (vgl. Anm. 17).

[19] Vgl. den Titel „Gewordene Liturgie“ für eine Aufsatzsammlung von J.A. Jungmann, Innsbruck/Leipzig 1941.

Sehr deutlich wird die abschließende Endgültigkeit des in der Eucharistie zugeeigneten Kreuzesopfers Christi betont, das „alle Opfer des Alten Bundes vollendet und überragt“ (1330.1334.1340.1364). Die Überhöhung und Ablösung des jüdischen Passah durch das christliche Pascha wird gegenwärtig auf evangelischer Seite in Zusammenhang mit der Kirche und Israel-Diskussion nicht mehr so vollmundig formuliert. In den entsprechenden Arbeitskreisen gibt es Vorschläge, die Kontinuität zwischen Passah und Abendmahl zu betonen[20] und Formulierungen zu vermeiden, die als Herabsetzung der jüdischen Tradition verstanden werden können.

Jedenfalls hat der Katechismus die von der Forschung herausgearbeiteten jüdischen Wurzeln der beiden Teile des christlichen Abendmahlsgottesdienstes nur an anderer Stelle beiläufig erwähnt[21]. Demgegenüber hat die Erneuerte Agende an einigen Stellen den Versuch gemacht, Gottes Geschichte mit Israel nicht auszugrenzen. In einem aus dem Lutheran Book of Worship (1978) entnommenen Eucharistiegebet heißt es: „Wir preisen deine Gnade, die du Israel erwiesen hast, dem erwählten Volk: Für die Errettung aus Ägypten, für die Gabe des Verheißenen Landes und deine Bundestreue, für die Heimkehr aus der Gefangenschaft und für die Worte der Propheten, die nicht verloren sind“[22].

---

[20] Vgl. Konferenz landeskirchlicher Arbeitskreise „Christen und Juden“ im Bereich der EKiD (=Klak): „... so bleibt doch, daß von frühester Zeit christlicher Liturgie an Gemeinden sich mit der Feier des Herrenmahls in einer Kontinuität mit der Feier des Passah verstanden haben, und sich das in der Gestaltung der Feier niedergeschlagen hat“ (1993). Vgl. dazu auch den Oster-Hymnus: „Ad cenam agni providi“, wo es in der 3. Strophe heißt: „Protecti Paschae vespere/a devastante angelo/erepti de durissimo/ Pharaonis imperio“; deutsch von R.A. Schröder: „Beim Ostermahl zur Abendzeit/vor des Verderbers Zorn gefeit/der Rute frei, der Plagen los/ und aller Drangsal Pharaos“.

[21] 1096 (im Artikel über die Liturgie im allgemeinen).

[22] EA Nr. 490. Vgl. auch Nr. 483 (neu 1981).

2. Sekundäre Konvergenz

2.1 Sowohl die Erneuerte Agende als auch die vorausgehende programmatische Denkschrift „Versammelte Gemeinde“ (1994) beschreiben ihren konzeptionellen Ansatz mit dem Ausdruck: „feste Grundstruktur und situationsgemäße Ausformungsvarianten“. Bei dieser Grundstruktur handelt es sich um das von Leonhard Fendt so genannte Justin'sche Schema[23], dessen zwei Kernteile Gregory Dix[24] als „synaxis“ und „eucharist“ bezeichnet hat. Dabei hat auch die Aufeinanderfolge der beiden Teile theologische Bedeutung.

Hier besteht völlige Übereinstimmung mit dem Katechismus, da dieser ebenfalls den Begriff „Grundstruktur“ verwendet (1343.1346.). Er folgt damit der Allgemeinen Einführung in das römische Meßbuch (1969), wo dieser Begriff erstmals auftaucht (Kap. II, Art. 7, Überschrift)[25]. Im Katechismus wird sogar der ganze einschlägige Passus bei Justin zitiert; auch werden aus den Berichten in Luk. 24 und Act. 2 elementare Vorformen einer zweiteiligen Grundstruktur erschlossen.

Aus evangelischer Sicht ist es bemerkenswert, daß im Katechismus ebenso wie im neuen Meßbuch die alte Klimax von der Vormesse zur Opfermesse mit Opfervorbereitung, Opferhandlung und Opfermahl[26] aufgegeben worden ist. Freilich scheint das alte Schema trotz veränderter Nomenklatur noch nachzuwirken, während im Meßbuch und in der Erneuerten Agende die „Liturgia verbi“ und die „Liturgia eucharistica“ deutlicher als gleichrangige Liturgieteile aufgefaßt werden. Die dem liturgischen Kern als Eingangs- und Schlußteil zugeordneten Elemente der insgesamt vierteiligen Liturgie werden im Katechismus, im Gegensatz zum Meßbuch und zur Erneuerten Agende, nicht eigens erwähnt.

---

[23] L. Fendt, Einführung in die Liturgiewissenschaft, Berlin 1958, 29-32.

[24] G. Dix, The Shape of the Liturgy, London 1945. 1964, 36f.

[25] De generali structura Missae; vgl. dazu: R. Chéno, La structure de la messe et la Lex orandi, in: MD 188 (1991), 109-127.

[26] Vgl. Das Meßbuch der heiligen Kirche, hrsg. von A. Schott OSB, [48]Freiburg, 1941, 385.392.398.409.

2.2 Was über die Grundstruktur gesagt wurde, gilt nun auch bezüglich der liturgischen Elemente und Texte der Eucharistie, soweit sie im Katechismus im einzelnen erwähnt sind. An vielen Stellen stimmen Katechismus und Erneuerte Agende überein. Das ist freilich nicht etwaigen Innovationen des nach der Erneuerten Agende erschienenen Katechismus gutzuschreiben, vielmehr ist diese Übereinstimmung darauf zurückzuführen, daß der Katechismus die Vorgaben der erneuerten römischen Messe zu berücksichtigen hatte. Was die Gemeinsamkeiten der Erneuerten Agende mit der römischen Messe anlangt, so rühren sie daher, daß – wie es der Lima-Text Eucharistie (Art. 28) ausdrückt – „die liturgische Reformbewergung die Kirchen in der Weise, wie das Herrenmahl gefeiert wird, enger zusammengeführt hat".

Beispiele für die Übereinstimmungen in der liturgischen Gestaltung des Gottesdienstes mit Abendmahl sind: die dreifache Schriftlesung aus dem Alten Testament, den Episteln und den Evangelien und die darauf bezogene Predigt (1349), die an das Evangelium herangerückt ist, so daß das Credo ihr nunmehr folgt; ferner das Allgemeine Fürbittengebet (1349), die Einsammlung der Gaben (1351) und das Herbeibringen von Brot und Wein für das Abendmahl (1350).

Die besondere Bedeutung des Hochgebetes kommt im Katechismus dadurch zum Ausdruck, daß seine Strukturteile einzeln aufgeführt werden. Auch hier besteht weitgehende Übereinstimmung, da in der Erneuerten Agende eine auf evangelischer Seite schon seit längerem angebahnte Entwicklung zu einem gewissen Abschluß gebracht wurde. Die Agende enthält nunmehr 14 Eucharistiegebete von verschiedener Prägung und Entfaltung[27]. Darunter findet sich das Eucharistiegebet von Hippolyt, das dem 2. römischen Hochgebet zu Grunde liegt, ferner das Hochgebet „Versöhnung", das 2. Kinder-Hochgebet und das Eucharistiegebet der sogenannten Lima-Liturgie[28]. Alle

---

[27] Vgl. H.-Chr. Schmidt-Lauber, Das Eucharistiegebt in der Erneuerten Agende, in: Sursum corda. FS Ph. Harnoncourt, Granz 1991, 159-166; Ders., Die Erneuerung des Eucharistischen Gebetes, in: Eucharistie, Beiträge zur Theologie der Erneuerten Agende, hrsg. von A. Völker, Berlin 1993, 34-60; besonders 44-55.

[28] Die eucharistische Liturgie von Lima. Text in: Ökumenische Perspektiven von Taufe, Eucharistie und Amt, hrsg. von M. Thurian, Frankfurt/Paderborn 1982; F. Schulz, Die Lima-Liturgie, Kassel 1983 (mit Kommentar).

Eucharistiegebete der Erneuerten Agende umfassen außer der Präfation mit Sanctus und den Einsetzungsworten mit Gemeinde-Akklamation die bisher auf evangelischer Seite nur vereinzelt gebräuchlichen Entfaltungs-Elemente Anamnese und Epiklese.

2.3 Mit Recht wird im Katechismus der eschatologische Aspekt der Eucharistie in einem besonderen Abschnitt entfaltet (1402-1405; ferner 1326.1335.1339.1340.1354). Auch in den Texten des Meßbuchs fehlt der Ausblick auf die Vollendung nicht, doch stellt in diesem Fall der Katechismus das Motiv noch deutlicher heraus. Auch hier besteht Übereinstimmung mit der Erneuerten Agende, die bei der Gestaltung der Eucharistiegebete die Mahlgemeinschaft im Reiche Gottes als Abschluß ausführlich zur Sprache bringt.

Die vom Katechismus zitierten einschlägigen Stellen des Neuen Testaments und der Didache sind in der Erneuerten Agende in den ursprünglichen liturgischen Vollzug zurückversetzt. So wurde das Maranatha in einigen Eucharistiegebeten als Gemeinde-Akklamation eingefügt[29]. Aus den entsprechenden Passagen der Didache wurden durch Einfügung der Einsetzungsworte zwei kürzere Eucharistiegebete gewonnen, bei denen außer dem Maranatha die Bitte um die Sammlung aller, die zu Christus gehören, im Reiche Gottes zur Geltung kommt[30].

Was den pneumatologischen Aspekt betrifft, so haben die Reformationskirchen lutherischer Prägung als liturgische Erben der lateinischen Kirche diesem Aspekt in der Abendmahls-Liturgie bis in die Gegenwart keinen Raum gegeben. Dagegen kennt die an die Straßburger Reformation anknüpfende reformierte Tradition ein den Kanon ersetzendes Abendmahlsgebet mit pneumatologischen Aussagen[31].

Sowohl das Meßbuch wie die Erneuerte Agende haben nunmehr in Aufnahme des ostkirchlichen Erbes mit der doppelten Epiklese im Eucharistiegebet einen neuen Akzent gesetzt: Die pneumatologische Explikation des eucharistischen Geschehens weist darauf hin, daß es

[29] EA Nr. 487.489.490.

[30] EA Nr.492.493.

[31] Vgl. z.B.: KO Kurpfalz 1563 (CD I Nr. 730). Über den evangelischen Straßburger „Canon" vgl. F. Schulz, Das Eucharistiegebet in den Kirchen der Reformation ..., in: QD 132, Freiburg 1991, 86.

hier nicht um ein menschliches Verfügen, sondern um ein göttliches Handeln geht. Der Katechismus hat den pneumatologischen Aspekt zwar auch erwähnt, aber nicht eben häufig und in einer merkwürdig beiläufigen Weise: Er spricht von der „Gegenwart Christi in der Kraft seines Wortes“ und fügt dann die Worte „und in der Kraft des Heiligen Geistes“ wie einen nachträglichen Zusatz bei (1383, Überschrift. 1353.1357.1358.1375.)

Bemerkenswerterweise erwähnt der Katechismus die im Meßbuch nicht vorgesehene Möglichkeit, Gaben- und Personen-Epiklese zu verbinden und erst nach der Anamnese einzufügen[32]. Die Erneuerte Agende sieht – wie der Lima-Text Eucharistie (Art. 27) – beide Möglichkeiten der Einfügung in das Eucharistiegebet vor. Es ist im übrigen bezeichnend, daß der Katechismus bei der Darstellung der liturgischen Elemente des Hochgebets nur einmal im Zusammenhang mit der Anamnese kurz vom eucharistischen Opfer spricht (1359), wie ja auch im 2. Hochgebet der Opfer-Topos fehlt.

3. Die Haupt-Differenz

3.1 Es soll nun von derjenigen Aussage gesprochen werden, die auf evangelischer Seite die größte Schwierigkeit bereitet: Es handelt sich um den Opfer-Begriff. Eine kleine Statistik bestätigt den Eindruck, der sich schon beim ersten Überlesen des Eucharistie-Artikels im Katechismus einstellt. Vom eucharistischen Opfer der Kirche ist unverhältnismäßig häufig, nämlich nicht weniger als 50mal die Rede. Dabei sind nicht mitgezählt die sechs Stellen, wo das Lobopfer der Kirche (1359.1360.1361), die fünf Stellen, wo speziell das Opfer Christi (1350.1362.1364.1367.1369) und die eine Stelle, wo die neben Brot und Wein herangebrachten Gaben zur Unterstützung Bedürftiger erwähnt werden (1351).

Die alle anderen Aspekte des Abendmahls geradezu überlagernde Hervorhebung des eucharistischen Opfers zeigt sich auch darin, daß

[32] Zu dieser Möglichkeit vgl. A. Bugnini, Die Liturgie-Reform, Freiburg 1988, 492: „Von der Theologie her bedeutet das keine Schwierigkeit (anläßlich des Vorschlags, die Basilius-Anaphora als 3. Hochgebet einzuführen).

die zunächst triadische und trinitarische Strukturierung des Abschnitts V[33], in dem es um die Danksagung an den Vater (Eucharistia), um das Gedächtnis Christi (Anamnese) und um die Gegenwart Christi in der Kraft des Heiligen Geistes (Epiklese) geht (1357.1358), durchweg vom sozusagen einebnenden Opferbegriff überformt und durchsetzt ist.

Entsprechend mehren sich die Kirchenväter-Zitate, und die zumindest mißverständliche Bezugnahme auf Hebr. 7 unterläuft praktisch das eph'hapax des Opfers Christi (Hebr. 7,27)[34]. Jedenfalls kommt im Katechismus die alte evangelisch-katholische Differenz im Opferverständnis deutlich zum Vorschein, zumal der Begriff „Teilhabe" kaum (1368) und der Begriff „Gedächtnis" nur vorübergehend (1362 bis 1364.1366) vorkommt, um alsbald im Opferbegriff zu verschwinden.

3.2 Wie geht die Erneuerte Agende mit dem Opfer-Begriff um? Man findet dort immerhin einen Abschnitt mit der Überschrift „Dankopfergebete", das sind Gebete, die zur offertorialen Eröffnung des Abendmahlsteils gehören[35]. Sie beziehen sich zunächst auf die inzwischen beendete Gabensammlung, aber auch auf die damit verbundene Bereitstellung von Brot und Wein für das Abendmahl. In den Texten heißt es beispielsweise: „Wir bringen dir zurück von dem, was wir

---

[33] Es ist unverkennbar, daß der Eucharistie-Artikel im Katechismus (= K) ganz ähnlich strukturiert ist wie der Lima-Text Eucharistie (= L):I Die Einsetzung der Eucharistie (L1) = K III (1337-1340). II Die Bedeutung der Eucharistie (L2); A: Die Eucharistie als Danksagung an den Vater (L 3.4) = K V (1359-1361); B: Die Eucharistie als ... Gedächtnis Christi (L 5-13) = K V (1362-1372); C: Die Eucharistie als Anrufung des Geistes (L 14-18) = K V (1373-1381); D Die Eucharistie als Mahl des Gottesreiches (L22-26) = K VII (1402-1405). III Die Feier der Eucharistie (L 27-33) = K IV (1345-1355).

[34] Christi „ewiges" Priestertum (V.24) ist nicht dadurch „bleibend" (V.24), daß er „wie jene Hohenpriester täglich Opfer darbringt". Das „hat er nicht nötig" (V.27). Das ein- für allemal Getane wird nicht wiederholt (Hebr.9,25-28).

[35] Vgl. W. Löhe, Agende 1853, VII: „Das gestehe ich gerne, daß ich in dieser Form des Offertoriums ... die Darbringung der primitiae creaturearum (sehe), das ist die betende Darbringung der Elemente, damit der Herr seinen heiligen Leib und sein teures Blut damit vereinige".

empfangen haben, damit es den Bedürftigen zugute komme"[36] oder: „Nimm diese Gaben an und segne sie zum Dienst der Liebe"[37] oder auch: „Aus der Fülle deiner Gaben bringen wir dieses Brot und diesen Wein"[38]. Der Begriff Opfer wird, obwohl es sich um das Dank-Opfer handelt, allerdings vermieden.

Dieser Begriff ist in der Erneuerten Agende offensichtlich dem Golgatha-Geschehen vorbehalten, das vor allem in den Gebeten der Karwoche und in einzelnen Eucharistiegebeten thematisiert wird[39]. Doch muß man feststellen, daß aufs Ganze gesehen das Wort „Opfer", auch wenn es um das Kreuzesopfer Christi geht, in den gottesdienstlichen Texten der evangelischen Kirche und auch in der Erneuerten Agende nur sparsam verwendet wird.

Das gilt auch für den Sprachgebrauch der evangelischen Kirchenlieder. So gab es im Evangelischen Kirchengesangbuch (1950) nur drei Lieder, die ausdrücklich vom Opfer Christi sprachen[40]. Das Bild ändert sich jedoch, wenn man die große Zahl von Kirchenliedern berücksichtigt, die das Opfer Christi mit anderen Worten und Bildern benennen. Die Ersatzworte sind dann etwa: Blut und Wunden; Jesu Leiden und Sterben für die verlorene Welt; vor allem aber das häufig verwendete alte Bildwort vom Gotteslamm. Dazu hat sich Luther einmal folgendermaßen geäußert: „Sonderlich dient das Agnus Dei über alle Gesänge aus der Messe wohl zum Sakrament; denn es klärlich daher singet und lobet Christum, daß er unsere Sünde getragen habe".[41]

3.3 Wo es um die Dankesgaben der Gemeinde geht, da kann der Liederdichter Paul Gerhardt ganz unbefangen sagen: „Lasset uns singen, dem Schöpfer bringen Güter und Gaben, was wir nur haben, alles sei Gotte zum Opfer gesetzt"[42]. Neben diesem Sach-Aspekt des Opfers im Sinn von „hergeben" und „zurückgeben" findet sich in vie-

---

[36] EA Nr. 445.
[37] EA Nr. 444.
[38] EA Nr. 447.
[39] EA Nr. 485.487.489.491.508.522.
[40] Evangelisches Kirchengesangbuch 1950 (=EKG) 7,2; 53,5;114,4.
[41] WA 30 II, 614,3 ff.
[42] Evangelisches Gesangbuch 1993 (=EG) 449,3.

len evangelischen Kirchenliedern ein weiterer, personaler Aspekt des Opfers im Sinn von „sich hingeben" und „sich ergeben"[43]. Michael Weiße, ein Liedsänger der Böhmischen Brüder, drückt diese Selbsthingabe an mehreren Stellen so aus: „Was er nun angefangen hat, das will er auch vollenden, nur geben wir uns seiner Gnad, opfern uns seinen Händen"[44]. Zweihundert Jahre später mehren sich die Beispiele für dieses Opferverständnis, so bei Johann Jakob Rambach: „Ich gebe dir, mein Gott aufs neue Leib, Seel und Geist zum Opfer hin"[45].

Der Übergang von der „Hergabe" von Sachen zur „Hingabe" der Person weist zurück auf die „Ganzhingabe" Christi[46],die auch der Katechismus wenigstens an einer Stelle erwähnt (1368). Schon in Jes. 53 heißt es vom Gottesknecht: „Er hat sein Leben in den Tod gegeben." „Er hat sich selbst für uns gegeben als Gabe und Opfer" steht in Eph.5 und im Brotwort des paulinisch-lukanischen Einsetzungsberichts hat das „für euch gegeben" einen festen Platz. Das ist auch vielfach in den Kirchenliedern aufgenommen worden, beispielsweise von Philipp Spitta: „Sollt ich dem nicht angehören, der sein Leben für mich gab?"[47].

3.4 In diesem Zusammenhang fällt auf, daß der Katechismus, der doch das Opfer so stark akzentuiert, das zentrale Pauluswort Röm. 12,1 nicht zitiert und verarbeitet: „Ich ermahne euch ... daß ihr eure Leiber hingebt als ein Opfer, das lebendig, heilig und Gott wohlgefällig ist. Das sei euer vernünftiger Gottesdienst." Dieses apostolische Wort hat die durch Martin Bucer geprägte Straßburger Gottesdienst-Tradition aufgenommen, wonach im Abendmahl nach dem Sanctus folgendermaßen gebetet wird: „Bittet Gott ... daß er uns den heiligen Geist zusende, der uns lehre aufzuopfern – nicht Christum, der sich selbst ein Mal für uns geopfert hat und von niemand mag geopfert werden, sondern die gottgefälligen wahren Opfer, nämlich einen zerbrochenen Geist und ein zerschlagenes Herz, und daß wir unsere

---

[43] Vgl. Luther: „Wir sollen geistlich opfern ... Was sollen wir opfern? Uns selbst und alles, was wir haben, mit fleißigem Gebet" (WA 6,368,3.5f.).

[44] EG 318,7.

[45] EG 200,5.

[46] Vgl. EA Nr. 497.498.

[47] EG 406,3.

Leiber zu einem Opfer begeben, das da lebendig, heilig und ihm wohlgefällig sei ..., indem wir Gott Ehre, Preis und Danksagung opfern"[48].

Hier hat die biblische Lex credendi sich inhaltlich auf den Modus orandi ausgewirkt, den das evangelische Kirchenlied und vor allem auch die anglikanische liturgische Tradition bis heute fortgesetzt hat. Dort wird am Schluß des Abendmahlsgottesdienstes folgendes Gebet gesprochen: „Allmächtiger Gott, wir danken dir, daß du uns mit dem Leib und Blut deines Sohnes Jesus Christus gespeist hast. Durch ihn bringen wir dir unsere Seelen und Leiber als ein lebendiges Opfer dar. Sende uns aus in der Kraft des heiligen Geistes, daß wir leben und wirken zu deinem Preis und deiner Ehre"[49].

3.5 Derjenige Aspekt des Opfer-Begriffs, bei dem die Kirche sich mit dem Opfer Christi so eng verbindet, daß man sagt: sie opfert Christus (1367.1371), ist nach dem Vorbild der Reformatoren auf evangelischer Seite nicht akzeptiert und rezipiert worden. Es gibt jedoch eine Schrift, in der Luther den Versuch gemacht hat, das reformatorische Verständnis des Abendmahls unter Verwendung der herkömmlichen Opfer-Terminologie neu auszusagen.

Im „Sermon von dem neuen Testament, das ist von der heiligen Messe" (1520)[50] unterlegt Luther dem Opferbegriff einen neuen Sinn: Opfern ist danach nicht ein auf Gott einwirkendes Handeln, sondern das Eintreten in eine innige Beziehung zu Christus. Das geschieht in der Weise, daß wir unser Gebet und unser Selbstopfer auf Christum legen, damit er es vor Gottes Augen trage. Insofern also Christus sozusagen uns opfert, kann die Messe auch als Opfer bezeichnet werden. Luther geht sogar noch weiter und sagt: „Ich opfere Christum, das heißt: ich begehre und glaube, daß er mich und mein Gebet aufnimmt und vor Gott bringt". Opfern heißt in diesem Zusammenhang also schlichtweg: glauben.

---

48 Straßburg 1526ff. (CD I Nr. 439). Vgl. EA Nr. 510 (aus KO Kurpfalz 1563, wo die Straßburger Tradition übernommen ist).

49 Alternative Service Book 1980, 145 (Nr. 53), nach Book of Common Prayer 1552 (CD I Nr. 581); vgl. auch EA Nr. 449.

50 WA 6,353-378; besonders 369f.

Luther hat diesen theologischen Ansatz später nicht weitergeführt. Es ist auch schwer nachzuvollziehen, daß das Wort „opfern“ nicht das bedeuten soll, was man gemeinhin unter opfern versteht; daß es also nicht eine Aktion, sondern eine Relation bezeichnet. Im übrigen kann Luthers Schrift von 1520 zur Stützung einer Meßopfer-Theologie nicht herangezogen werden, weil Luther hier das neu verstandene Opfern nicht dem Priester, sondern allen Christen zuschreibt[51].

4. Weitere Divergenzen

4.1 Aus evangelischer Sicht kommen im Eucharistie-Artikel des Katechismus noch weitere kontroverse Themen zur Sprache. Dazu gehört die durch die Konsekration des Priesters bewirkte „Wesensverwandlung“[52] (Transsubstantiation) von Brot und Wein (1333.1375. 1376.1408). Die Erneuerte Agende hat, wie alle neueren evangelischen Agenden, darauf verzichtet, die Weise der Gegenwart Christi im Abendmahl in einer dogmatisch akzentuierten normativen Spendeformel auszusagen und so einen bestimmten konfessionellen Typus abgrenzend zur Geltung zu bringen, wie das früher bei Lutheranern und Reformierten der Fall war. Die Gegenwart Christi im Sakrament

---

[51] Immer wieder ist versucht worden, diese Schrift Luthers auszuwerten und aufzuwerten, um in der Opfer-Kontroverse einen Ausgleich der Positionen zu ermöglichen, z.B. J.F. McCue, Luther and Roman Catholicism on the Mass as Sacrifice, in: JES 2 (1965), 205-233; Th. Suess, L'aspect sacrificiel de la Sainte Cène à la lumière de la tradition luthérienne, in: Eucharisties d'orient et d'occident, hrsg. von B.Botte, Paris 1970, 151-170; R. Prenter, Eucharistic Sacrifice according to the Lutheran Tradition, in: Theologie und Gottesdienst. Gesammelte Aufsätze, Aarhus/Göttingen 1977, 195-206.

[52] Der Begriff „Wandlung“ wird in der EA in anderem Sinn verwendet; z.B. EA Nr. 446: „Wandle unser Leben und stärke unseren Glauben“. Vgl. dazu K.B.Ritter, Die Eucharistische Feier, Kassel 1962, 269: „Und wie du deinen Sohn auferweckt hast von den Toten und seinen irdischen Leib verwandelt hast in himmlisches Wesen, so wandle uns, Herr, und schaffe diese Welt neu nach deiner Liebe.“ Ähnlich schon in: Ordnung der Deutschen Messe, Kassel o.J. (1937), 32. Statt „wandle“ hat EA Seite 57 (wie schon Agende I VELKD und EKU): „Erneuere uns an Leib und Seele“. Siehe auch Anm. 76).

kann begrifflich nur schwer und nur partiell erfaßt werden, bleibt also letzlich ein Geheimnis, das sich nur dem Glaubenden erschließt.

Diese Sicht wird in der Abendmahlsliturgie der Erneuerten Agende dadurch zur Sprache gebracht, daß die Gemeinde-Akklamation nach den Einsetzungsworten eingeleitet wird durch das Votum: „Geheimnis, des Glaubens“. Das weist zurück auf 1. Tim.3,16, wo es heißt: „Groß ist, wie jedermann bekennen muß, das Geheimnis des Glaubens“ und wo sich ebenfalls eine Christus-Anamnese anschließt[53]. Daß hier weiterhin evangelische Empfindlichkeiten bestehen, zeigt die gelegentlich geäußerte Kritik, die Erneuerte Agende öffne sich mit diesem Votum einem katholischen Wandlungsverständnis.

4.2 Schwierig ist nach evangelischem Verständnis auch die im Katechismus festgehaltene Lehraussage, wonach die Eucharistie nur die Tilgung läßlicher Sünden bewirke (1394). Für Luther und die Reformatoren ist Sündenvergebung jedoch der Inbegriff des Evangeliums. Daher werden die Begriffe Sündenvergebung und Rechtfertigung nicht nur nebeneinander, sondern wechselseitig vertauschbar verwendet[54]. Dieses umfassende Verständnis von Sündenvergebung kommt beispielsweise in der allgemeinen Präfation der Erneuerten Agende zum Ausdruck, wo es heißt: „… durch Jesus Christus, unsern Herrn, den du der Welt zum Heil gesandt hast, damit wir durch seinen Tod Vergebung der Sünde und durch seine Auferstehung das Leben haben“[55]. Das entspricht ja auch der Matthäus-Fassung des Einsetzungsberichts[56]. Sündenvergebung als Heilszuspruch geschieht auch in der Evangeliumspredigt, die nach Luther „selbst im Grunde eine Absolution ist, darin Vergebung der Sünden verkündigt wird vielen Personen insgeheim“. Doch kennt die evangelische Tradition auch eine Differenzierung: Der ausdrückliche Zuspruch der Sündenvergebung im Modus einer Absolutionsformel ist der Beichte als Einzel-Beichte

---

[53] Die biblische Fassung bringt EA Nr. 487 und 490. Dort folgt die Gemeinde-Akklamation im bekennenden Er-Stil.

[54] Vgl. E. Schlink, Theologie der lutherischen Bekenntnisschriften, München 1948,136: „Sündenvergebung und Rechtfertigung werden immer wieder nicht nur miteinander, sondern auch promiscue füreinander genannt.“

[55] EA Nr. 462 a. Vorlage war die stark gekürzte und bearbeitete Präfation zu Ostern (Hadrianum, Deshusses Nr. 394).

[56] Sündenvergebung im Abendmahl besonders in: EA Nr. 503.506.

oder als Gemeinsame Beichte zugeordnet. Diese kann freilich gelegentlich auch als geschlosssener Einschub in die Liturgie des Abendmahlsgottesdienstes eingefügt werden.

4.3 Es entspricht der Prävalenz des Opfer-Topos, wenn der Katechismus die Rolle des Priesters in der Eucharistie hervorhebt. Die Privilegierung des Priesters wird hier auf das letzte Abendmahl Jesu zurückgeführt, bei dem die Apostel und ihre Nachfolger „als Priester des Neuen Bundes eingesetzt" wurden (1339,1341). In der Eucharistiefeier bringt der Priester „in persona Christi" das eucharistische Opfer dar (1348.1350.1367.1373.1375). Im zelebrierenden Priester ist zugleich die ganze Kirche mit ihren hierarchischen Repräsentanten gegenwärtig (1369). Insbesondere ist dem gültig geweihten und in der apostolischen Sukzession stehenden Priester der Akt der Konsekration vorbehalten (1400.1412.1413).

Die Frage des kirchlichen Amtes wird herkömmlich in den evangelischen Kirchenordnungen behandelt, sie ist daher in der Erneuerten Agende nicht eigens thematisiert. Doch kann aus den Rubriken der Agende erschlossen werden, wie auf evangelischer Seite die verantwortliche Leitung des Abendmahlsgottesdienstes wahrgenommen wird. Daß es in diesem Gottesdienst eine leitende Person gibt, die zu diesem Dienst generell oder speziell berufen ist, daß es ferner bestimmte liturgische Elemente, Handlungen und Texte gibt, die der leitenden Peson vorbehalten sind, darin besteht formal kein Unterschied zur katholischen Praxis.

Jedoch wird diese leitende Person in der Erneuerten Agende nicht „Priester", übrigens auch nicht „Pfarrer" genannt, sondern „Liturg". Dieser Begriff bezeichnet einfach eine gottesdienstliche, also öffentliche Funktion, wozu in der Regel die Leitung des Gottesdienstes gehört. Wo mehrere Liturgen tätig sind, ist einer der „leitende Liturg". Das kann also ein Vikar, ein Pfarrer oder ein Bischof, seit der Einführung der Frauen-Ordination auch eine Frau sein. Daher hat die Erneuerte Agende als eines der ersten Gottesdienstbücher überall den männlichen Funktionsbezeichnungen die weibliche beigefügt, obwohl die Texte dadurch sprachlich schwerfällig werden.

Den Unterschied zur katholischen Konzeption kann man auch so ausdrücken: Die Leitung der eucharistischen Versammlung liegt nicht bei einem Priester im Sinne von sacerdos, sondern – nach neutestamentlichem Sprachgebrauch – bei einem beauftragten „Gemeinde-Ältesten“ im Sinne von presbyteros[57], aus welchem griechischen Wort bekanntlich das deutsche Wort Priester entstanden ist. Priester im Sinne von sacerdos ist nach neutestamentlichem Verständnis (1.Petr. 2,5; Apc.1,6) jeder Getaufte (1144.1268).

5. Defizite und Desiderate

5.1 Befragt man den Katechismus daraufhin, wie er sich die „plena, conscia atque actuosa participatio“ der Gemeinde bei der Eucharistiefeier vorstellt, so enthält er zwar einzelne Hinweise auf das gemeinsame Amen (1345.1348) und auf das Sanctus (1352) sowie auf die Rolle von Lektoren und Abendmahlshelfern (1348). Auch findet man Anweisungen für die rechte Vorbereitung (1385.1386) und für ein angemessenes äußeres Verhalten (1378.1387). Der beherrschende Eindruck ist jedoch der, daß die Gläubigen nicht handeln, sondern weitgehend passiv sind: Sie sollen „an den Sonn- und Feiertagen der göttlichen Liturgie beiwohnen“ (1389) und mindestens einmal jährlich, möglichst aber öfter kommunizieren (1388.1389). Auch wird die eucharistische Anbetung empfohlen (1378 bis 1381).

An den Stellen, wo im Katechismus von der Danksagung und vom Lobopfer die Rede ist (1359 bis 1361), kommt die Gemeinde nicht selbst zu Wort; sie hat offenbar nur den Priester als ihren Mund. Dabei wäre doch aufgrund des neuen Meßbuchs Gelegenheit genug, die Beteiligung der Gemeinde in den Blick zu rücken, z.B. bei Kyrie, Gloria und Agnus, vor allem beim Credo, ferner bei den Fürbitten und schließlich im Eucharistie-Teil bei der anamnetischen Gemeinde-Akklamation nach den Einsetzungsworten.

Es sieht fast so aus, als wollte der Katechismus das vorkonziliare Erscheinungsbild der Messe festschreiben. Wer allerdings als evangelischer Beobachter das Defizit einer priesterzentrierten Liturgie anmahnt, muß sich vorhalten lassen, daß der herkömmliche evangelische Gottesdienst weithin ebenfalls pfarrerzentriert und monologisch abläuft. Insofern hatte die Erneuerte Agende allen Grund, einen eigenen Abschnitt über die vielfältigen Möglichkeiten der Gemeindebe-

---

[57] Vgl. Act.20,17; Tit.1,5; Jak.5,14; 1.Petr.5,1.

teiligung aufzunehmen[58]. Auch sind die Eucharistiegebete in der Regel durch eingeschobene Gemeinde-Akklamationen gegliedert[59], was auch für die Fürbittengebete gilt.

Eine besondere Eigenart des evangelischen Gottesdienstes ist schon seit der Reformationszeit das Lobopfer der Gemeinde in der Form des Liedgesangs. Was in den Abendmahlsliedern und -gesängen immer wieder von der Gemeinde selbst, womöglich auswendig gesungen wird, prägt die Abendmahlsfrömmigkeit[60]. Motive und Aspekte des Abendmahls, die in einer auf Einsetzungsworte und Vaterunser beschränkten Liturgie vermißt werden, kommen in den Gemeindeliedern komplementär zur Sprache. So ist die Gemeinde nicht einfach durch Liedgesang beschäftigt, sondern sie spielt mit ihrem gesungenen „Lobopfer" eine unverzichtbare Rolle als „mitliturgierende" Gemeinde[61]. Daher ist es auch sachgemäß, die Kirchenlieder als Quelle theologischer Aussagen heranzuziehen.

5.2 Es fällt auf, daß der Katechismus das wichtige Motiv der Communio[62] nur ganz beiläufig erwähnt. Nur die zunächst dem Offertorium zugeordnete Gabensammlung für Bedürftige (1351) wird später auch als Ausdruck brüderlicher Zuwendung gewertet (1397). Im übrigen ist der Communio-Aspekt auf die Einheit des mystischen

---

58 EA Seite 23-26.

59 Siehe auch die Akklamationen in den katholischen Kinder-Hochgebeten.

60 Vgl. A.-E. Buchrucker, Theologie der evangelischen Abendmahlslieder, Erlangen 1987; G.Fuchs, Theologie der Eucharistie im Spiegel eucharistischer Gesänge, in: Alw 31 (1989), 313-341.

61 Vgl. an anderer Stelle des Katechismus die (freilich nicht konkretisierte) Feststellung: „So ist bei der Feier der Sakramente die ganze Versammlung „Liturge" (1144).

62 Griechisch: koinonia, was in den Briefen des Neuen Testaments mit Genetiv konstruiert wird, also mit „Teilhabe" zu übersetzen ist. Vgl. H. Seesemann, Der Begriff koinonia im Neuen Testament, in: ZNW Beiheft 14 (1933),99: „Nirgends ist koinonia bei Paulus als Gemeinschaft im Sinne von societas=Genossenschaft begegnet. Der Begriff koinonia läßt sich daher zu dem Begriff ecclesia nicht in Parallele stellen". Ebenso urteilen: E.Käsemann, Leib und Leib Christi, Tübingen 1933, 174f.; H. von Soden, Sakrament und Ethik, in: Urchristentum und Geschichte Band 1, Tübingen 1951, 246 Anm.8; G. Bornkamm, in: Studien zu Antike und Christentum Band 2, München 1959, 157 Anm. 33.

Leibes der Kirche bezogen (1396.1398). Dabei hat der Katechismus an anderer Stelle sich ausführlich über die zweifache Bedeutung von „Sanctorum communio" geäußert: Danach bezeichnet der Ausdruck ursprünglich die Teilhabe an den „sancta", wie es der Abendmahlsruf „Sancta sanctis" zur Sprache bringt (946-953)[63]. Später setzte sich eine zweite Bedeutung durch, nämlich Gemeinschaft der Sancti (954-959)[64], was allerdings nicht nur auf die Gemeinschaft mit den Verstorbenen und den Heiligen im Himmel bezogen und eingeengt werden sollte.

Es paßt zum Fehlen des Communio-Motivs gerade im Eucharistie-Artikel, daß der Katechismus auch das Friedensgebet und den Friedensgruß mit dem Austausch einer entsprechenden leiblichen Geste unter den Kommunizierenden nicht erwähnt. Aus evangelischer Sicht wird das um so mehr als Defizit empfunden, als Luther die enge Verbindung zwischen der Communio mit Christus und der Communio mit den Brüdern besonders betont hat[65]. Demgemäß sagt er in der letzten Strophe seines Abendmahlsliedes: „Die Frucht soll auch nicht ausbleiben, deinen Nächsten sollst du lieben, daß er dein genießen kann, wie dein Gott (=Christus) an dir getan"[66].

Die hier vorliegende abendmahlstheologische Begründung der Ethik (vgl. Joh. 13,15) wurde auch in den Arnoldshainer Abendmahlsthe-

---

[63] Bezogen auf 1.Kor. 10,17 kann koinonia geradezu Wechselbegriff sein für die Eucharistie. Vgl. St. Benko, The Meaning of Sanctorum Communio, London 1964,79-96.

[64] Vgl. Benko 109-141 (vgl. Anm. 63). Benko dokumentiert und behandelt ausführlich die verschiedenen Interpretationen von Sanctorum Communio von den Anfängen bis zur Gegenwart und plädiert schließlich für eine Zusammenschau des personalen und des sakramentalen Verständnisses.

[65] WA 2, 743,7ff.; 12,485 ff.; 26,490.493: „Gemeinschaft (in 1. Kor. 10,16) ist nicht so gar eigentlich deutsch, als ich gerne wollte haben; denn Gemeinschaft haben versteht man gemeiniglich: mit jemand zu schaffen haben. Aber es soll ja hier so viel heißen... als wenn viele eines gemeinsamen Dinges brauchen, genießen oder teilhaftig sind. Solches muß ich 'Gemeinschaft' dolmetschen; ich habe kein besseres wort dazu finden können". Auch bei Luther hat also „Gemeinschaft" (koinonia, communio) sozusagen einen eucharistischen Akzent. Siehe F. Schulz, Communio Sanctorum, in KuD 12 (1966), 154-179), wo das Thema ausführlich behandelt wird.

[66] EG 215,8.

sen neu formuliert (These7,2)[67]. Die Erneuerte Agende übernimmt diesen Aspekt, wenn sie beispielsweise das Körnergleichnis aus der Kirchenväter-Tradition ethisch akzentuiert[68] oder den Friedensgruß in der Abendmahlsfeier folgendermaßen einleitet: „Erkennet euch in dem Herrn als Schwestern und Brüder. Keiner sei wider den anderen, keiner ein Heuchler. Vergebt einander, wie Christus euch vergeben hat“[69]. So hat schon die Ostkirche den Friedenskuß im Abendmahl eingeleitet[70].

5.3 Der Katechismus beschreibt die Eucharistiefeier als ein innerkirchliches Geschehen, das die Gläubigen auf das Innigste mit dem im Sakrament gegenwärtigen Christus verbindet. Die Aussagen des Johannes-Evangeliums, wonach Christus das Brot Gottes ist, das vom Himmel ist und der Welt das Leben gibt (Joh. 6,33), indem er sich hingibt für das Leben der Welt (Joh. 6,51), regt die Frage an, welche Rolle dieser Weltbezug der Eucharistie im Katechismus spielt. Von der Welt wird an zwei Stellen gesprochen, nämlich bei den Fürbitten des Wortgottesdienstes und bei der Gabensammlung für die Bedürftigen (1351.1397), zu denen nach dem Bericht des Justin (1345) die Diakone ja hingehen, also den Gottesdienstraum verlassen. Ferner hat das an Gott gerichtete Lobopfer den Dank zum Inhalt für alles, „was Gott in der Schöpfung und in der Menschheit an Gutem und Schönem getan hat“ (1359).

Der im Katechismus nur am Rande erwähnte Weltaspekt ist in letzter Zeit gerade in ökumenischen Gesprächs-Dokumenten stärker entfaltet worden. So spricht das Herrenmahl-Dokument vom „Weltbezug der eucharistischen Feier“ und von der „Weltverantwortung der Mitfeiernden“[71]. Der Lima-Text Eucharistie drückt es so aus: „Alle Arten von Ungerechtigkeit, Rassismus, Trennung und Mangel an Freiheit werden radikal herausgefordert, wenn wir miteinander am

---

67 Vgl. Anm. 10.

68 EA Nr. 502.

69 Erstmals in die evangelische Abendmahls-Liturgie eingeführt im Kirchenbuch Baden 1858,25.

70 Vgl. F.E. Brightman, Liturgies Eastern and Western Vol I, Oxford 1896; Reprint 1965,13,30-32 (=Const. Apost. VIII,12).

71 Herrenmahl 27ff. (vgl. Anm. 2).

Leib und Blut Chrisi teilhaben (Art.20)[72]. Neuerdings wird geradezu von einem „eucharistischen Lebensstil“[73] gesprochen, zu dem die Mahlgenossen verpflichtet sind. Dazu gehört der bescheidene Umgang mit den Gaben der Schöpfung und der Widerstand gegen den Konsumismus, das Teilgeben und der Wille, aufmerksam zu leben. Damit wird die Eucharistie zum Paradigma eines alternativen Lebenskonzepts, das, im Arcanum des Sakraments begründet und genährt, hinauswirkt auf die Straßen der Welt[74].

Dieser Aspekt der Eucharistie wird im katholischen Hochgebet „Versöhnung“ eindrucksvoll entfaltet; weshalb es auch von der Erneuerten Agende als Eucharistiegebet übernommen wurde[75]. Darüber hinaus wird der pneumatologische Aspekt in einigen Eucharistiegebeten breiter ausgestaltet, so daß in der Epiklese gerade die weltgestaltende Kraft des Geistes zur Sprache kommt. So heißt es z.B.:“Sende auf uns und diese Gaben deinen Heiligen Geist und gib dieser Welt ein neues Gesicht[76]. Laß Frieden sein, wo immer Menschen wohnen, Frieden, den wir uns selbst nicht geben können, deinen Frieden, der mächtiger ist als alle Gewalt und der alle verbindet in Jesus Christus“[77].

---

[72] Vgl. den Abschnitt „Lobpreis und Weltverantwortung“ in: G. Kugler, Feierabendmahl, Gütersloh 1981, 30-48.

[73] Vgl. G. Roth, Abendmahlsgebet und eucharistischer Lebensstil (1990), in: Gemeinde hält Gottesdienst, hrsg. von W. Reich/J. Stalmann. Leiturgia Neue Folge Band 1, Hannover 1991, 77-84; K.-H. Bieritz, Eucharistie und Lebensstil, in: LJ 43 (1993), 163-181.

[74] „Im Arkanum geschehen die Lebensvollzüge des Glaubens, Lob, Bitte, Dank und Tischgemeinschaft, und diese werden nicht nach außen interpretiert. Der, um den es in dieser Arkandisziplin geht, sendet die ‘Eingeweihten’ ständig in ihre Teilnahme an der Welt, indem er ihnen zusagt, daß er sie dort trifft und fragt“. „Arkandissziplin ohne Weltlichkeit ist Getto, und Weltlichkeit ohne Arkandisziplin ist nur noch Boulevard“ = Zusammenfassung der Gedanken Bonhoeffers bei E. Bethge, Dietrich Bonhoeffer. Eine Biographie, München 1970,992.

[75] EA Nr. 485.

[76] Vgl. den versus allelujaticus aus dem Proprium zu Pfingsten:“Emitte Spiritum tuum et creabuntur et renovabis faciem terrae“ (Ps. 104,30).

[77] EA Nr. 496.

6. Nachbemerkungen

Es hat sich gezeigt, daß in der liturgischen Ausformung des eucharstischen Gottesdienstes zwischen der Erneuerten Agende und dem Katechismus, der hierin den Vorgaben der Meßreform folgt, eine weitgehende Übereinstimmung besteht. Allerdings muß der Vorbehalt beachtet werden, daß das Rezeptions-Verfahren der Erneuerten Agende zur Zeit noch nicht abgeschlossen ist. Außerdem werden in den Gemeinde Veränderungen der gewohnten Gottesdienstpraxis nicht sofort und nicht überall eintreten. Das gilt ja auch sonst für die Übernahme neuer theologischer Erkenntnisse und ihrer praktischen Konsequenzen. Doch ist zu erwarten, daß der in der Erneuerten Agende eröffnete Gestaltungsspielraum für einfache und reichere, für gegenwartsbezogene und traditionsgeprägte, für partikularkirchliche und gesamtkirchliche Liturgieformen auch die ökumenische Konvergenz in der Feier des Herrenmahls fördern wird.

Hinsichtlich der Haupt-Differenz in der Frage des Opfers hat auf evangelischer Seite ein neues Nachdenken eingesetzt[78]. Doch ist es wohl verständlich, wenn die Aussagen des Katechismus über das eucharistische Opfer der Kirche für den evangelischen Betrachter nicht so dialogfreundlich klingen wie beispielsweise die Bemerkungen eines katholischen Autors über die Hochgebete des neuen Meßbuchs, die folgendermaßen lauten: „Auch die Hochgebete sind nicht ohne Probleme. Das gilt schon von den Opferaussagen, die nicht von der liturgischen Tradition, sondern von einer auf die Realpräsenz und auf den Konsekrationsmoment fixierten Eucharistielehre her konzipiert sind, die sich so weit von der Tradition entfernt hat, daß sie liturgiegeschichtlich, liturgietheologisch und unter ökumenischer Hinsicht anfechtbar ist"[79].

---

[78] Vgl.: Ist das Abendmahl ein Opfer?, in: Evangelischer Erwachsenen-Katechismus 1111(vgl. Anm.1.); Das Opfer Jesu Christi und seine Gegenwart in der Kirche, hrsg. von K. Lehmann/E. Schlink, Freiburg/Göttingen 1983; U. Kühn, Abendmahl und Opfer, in: Eucharistie 61-76 (vgl. Anm. 27).

[79] H.B.Meyer, Eucharistie. Gottesdienst der Kirche, Handbuch der Liturgiewissenschaft Teil 4, Regensburg 1989,351.

Schließlich soll auch folgendes nicht verschwiegen werden: Ein evangelischer Leser des Katechismus, der im deutschen Sprachgebiet lebt und in ständigem Dialog mit katholischen Theologen steht, ist es nicht mehr gewohnt, daß die „aus der Reformation hervorgegangenen Kirchen“ (so formuliert der Katholische Erwachsenen-Katechismus)[80] im neuen „Weltkatechismus“ nur als „von der katholischen Kirche getrennte kirchliche Gemeinschaften“ angesprochen werden (1400) und daß zwar mit Recht die Spaltungen der Kirche als schmerzlich empfunden werden (1399), daß aber von den ernsthaften Dialogen und Bemühungen um die Wiedergewinnung der sichtbaren Einheit der Kirche mit keinem Wort die Rede ist[81].

Gerade im Verständnis und in der Feier der Eucharistie hat die Gemeinsame Ökumenische Kommission sich die Feststellung zu eigen gemacht, daß „wichtige Kontroversen der Vergangenheit aus heutiger Sicht als theologisch so weit aufgearbeitet gelten, daß die Gründe für gegenseitige Verwerfungen entfallen“ (L.V.I, 121, 18-20). Daher hätte man sich gewünscht, daß ein „Weltkatechismus“, der ja nicht nur für Südamerika gedacht ist, im Eucharistie-Artikel sich mehr den deutschen Katholischen Erwachsenen-Katechismus zum Vorbild genommen hätte.

---

80 Seite 300 (vgl. Anm. 5).

81 Vgl. O. Pesch, Neuer Weltkatechismus – Versuch einer gerechten Würdigung, abgedruckt in: MdKJ 44 (1993),124: „Der Katechismus repräsentiert eine bestimmte Gestalt der katholischen Lehre. Es ist die Theologie der Vorkonzilszeit ... Ökumenische Fragen existieren gar nicht. Die Weisungen des Ökumenismusdekrets, alle Theologen seien in ökumenischer Theologie auszubilden, und so sollten sie sich mit ökumenischem Sachverstand ins Gespräch mit den Schwesterkirchen begeben, sind hier folgenlos geblieben.“

Josef Wohlmuth

Die Eucharistielehre des Katechismus und des Trienter Konzils

Der Katechismus ist in vier großen Teilen so angelegt, daß die Sakramententheologie nach dem Glaubensbekenntnis im zweiten Teil unter der Gesamtüberschrift „Die Feier des christlichen Mysteriums" behandelt wird. Innerhalb dieses zweiten Teils erhält die Eucharistie aus der Natur der Sache eine zentrale Stellung. Ehe ich mich den einzelnen Aspekten direkt zuwende, will ich in Kürze den Kontext der Eucharistietheologie des Katechismus darstellen.

1. Die Eucharistie im Kontext der Sakramententheologie des Katechismus und deren Bezug auf das Konzil von Trient

Ehe der Katechismus im engeren Sinn auf die sieben Sakramente der Kirche zu sprechen kommt, behandelt er in einem ersten Kapitel „Das Pascha-Mysterium in der Zeit der Kirche" (1077-1134), in einem zweiten Kapitel „Die sakramentale Feier des Pascha-Mysteriums" (1135-1209). Dabei erhält die Liturgie in beiden Kapiteln eine zentrale Stellung. Beinahe könnte man sagen, die Theologie der Liturgie trete hier an die Stelle dessen, was man bislang als allgemeine Sakramentenlehre verstanden hat.

Die Sakramentenlehre findet sich verständlicherweise im zweiten Teil, näherhin im zweiten Abschnitt („Die sieben Sakramente der Kirche"), nachdem im ersten Abschnitt „Die sakramentale Heilsordnung (1. Kap. „Das Pascha-Mysterium in der Zeit der Kirche"; 2. Kap. „Die sakramentale Feier des Pascha-Mysteriums") mit deutlichen Akzenten auf der Feier der Liturgie behandelt wurde. Eine Grundlagenbesinnung zu Sinn und Bedeutung von „Liturgie" geht dem in den Nummern 1066-1075 voraus, wobei in 1070 betont wird, zur Liturgie gehöre nicht nur der Gottesdienst, sondern auch die Verkündigung des Evangeliums und die tätige Nächstenliebe. So nehme die Kirche am einzigen Liturgen, Jesus Christus, und seinem Amt als Priester, Prophet und König teil.

Ohne Zweifel trägt dieser erste Abschnitt als eine Art „allgemeine Sakramentenlehre" deutlich ekklesiologische Akzente. Der zweite Abschnitt wendet sich sodann den sieben einzelnen Sakramenten zu.

Von der Struktur her entspricht das Vorgehen des Katechismus auch noch dem des Konzils von Trient, wo bekanntlich in Sessio VII zunächst über die Sakramente im allgemeinen gesprochen wird (DS 1600-1613) und sich sodann die Behandlung der einzelnen Sakramente anschließt, die noch in derselben Sessio VII mit Taufe und Firmung beginnt. Inhaltlich geht der Katechismus allerdings gerade durch seine Theologie der Liturgie im Kontext einer allgemeinen Sakramententheologie im positiven Sinn weit über das Konzil von Trient hinaus. Hier geht es nicht mehr um Einzelaspekte, die sich das Konzil von Trient aus der Diskussionslage des 16. Jahrhunderts vorgeben ließ, sondern um eine systematische Entfaltung der Sakramententheologie aus der neu erkannten Bedeutung der liturgischen Feiergestalt aller Sakramente, die natürlich für die Eucharistie in ganz besonderer Weise zutrifft. Dies deuten schon die Überschriften an. Es geht in den Sakramenten um die „Feier des christlichen Mysteriums" (Hauptüberschrift des zweiten Katechismusteils), um „Die sakramentale Heilsordnung" (Überschrift des ersten Abschnitts), um „Das Pascha-Mysterium in der Zeit der Kirche" und um „Die sakramentale Feier des Pascha-Mysteriums" (Überschrift über das zweite Kapitel). Mit den liturgischen Gesichtspunkten treten auch die ekklesiologischen Aspekte der Sakramententheologie deutlicher hervor als im Konzil von Trient.

Näherhin wird im ersten Text, der über die sakramentale Heilsordnung spricht und den gesamten ersten Abschnitt einleitet (1076), im Einklang mit der östlichen Theologie von der sakramentalen Ökonomie als der Zeit der Kirche gesprochen, „in der Christus durch die Liturgie seiner Kirche sein Heilswerk kundtut". Das in diesem Zusammenhang auffällig wiederholte „neu" (zweimal „neue Zeit", einmal „neue Weise") versteht die Zeit der Kirche wohl als die Zeit des Neuen Bundes, die immer dort als die Zeit der Erfüllung enggeführt zu werden droht, wo die eschatologische Zukunft nicht im gleichen Atemzug mitgedacht wird. Schon in 1082, wo die Liturgie als Werk der heiligsten Dreifaltigkeit verstanden wird, heißt es, daß in ihm der Segen Gottes „vollkommen geoffenbart und mitgeteilt" wird. In der Überlegung, wie der Heilige Geist auf die Aufnahme Christi vorbereitet, wird der hermeneutische Grundgedanke von der typologischen Deutung der beiden Testamente besonders deutlich. Dabei wird nicht nur ein Entsprechungsverhältnis festgestellt, sondern ein typologisches Gefälle vom Alten zum Neuen Bund im Modus von Vorbild und Vollendung (1093). Es wird sodann von der „Harmonie der beiden Testamente" (nach Dei Verbum 14-16) gesprochen. Die österliche Katechese des Herrn nach Lk 24,13-49 und später die der Apostel und der Kirchenväter, so heißt es in 1094, „enthüllt, was unter dem Buchstaben des Alten Testamentes verborgen lag: das Mysterium Christi". Ehrlicherweise muß gesagt werden, daß bei dieser Hermeneutik auch die Sessio VII des Konzils von Trient Pate stehen konnte, wo es in Kanon 2 heißt, die Sakramente des Neuen Bundes unterschieden sich von denen des Alten nicht nur dem Ritus (sondern dem Wesen) nach (DS 1602).[1]

[1] Vgl. 1096, wo auf die jüdische Liturgie sehr positiv Bezug genommen und eine bessere Kenntnis des Judentums, wie es noch heute gelebt wird, ausdrücklich gewünscht wird. Hier wird auch das strenge Schema Verheißung-Erfüllung durch den gemeinsamen eschatologischen Bezug „auf die endgülige Vollendung" erfreulich korrigiert. Vgl. schon 130, wo ebenfalls der eschatologische Aspekt anklingt und zugleich in Spannung steht zum Schema Verheißung-Erfüllung. Wiederholt wird das patristische Dreierschema (z.B. in der Version: umbra-imago-veritas) zu einem Zweierschema verkürzt und so jener christliche Antijudaismus genährt, der in 1096 erfreulicherweise überwunden ist, ohne die Unterschiede zu verschweigen. – Auch die in 1130 zitierte dreidimensionale Zeitstruktur der Sakramente nach Thomas v.A. wird nicht konsequent durchgehalten. (Der Heilige Geist „vollendet" nach 1093 das im Alten Bund Vorgebildete in den Sakramenten bereits.) Wenn dem in 1085 noch eine duale Zeitstruktur (Zeit-Ewigkeit) beigegeben wird, dann erscheint das Ewige als das „Bleibende". Wenn daraus folgt, nur das Pascha-Mysterium Christi versinke nicht in die Vergangenheit, alle anderen Ereignisse aber geschähen einmal und gingen vorüber, dann fragt sich doch, ob hier eine christologische Engführung geschieht, die alles Vor- und Außerchristliche prinzipiell desavouiert.

Die wiederholte Betonung des epikletischen Charakters der Liturgie (vgl. 1083 u.ö.) ist zu begrüßen. Aber der Sakramentsbegriff selbst, der zwar pneumatologische und christologische Überlegungen aufgreift, findet sich zuletzt doch eindeutig im Kontext der Christologie. Der verherrlichte Christus sei es, der in der Kirche durch die Sakramente handelt, wobei von letzteren beiläufig gesagt wird, er habe sie „zur Mitteilung seiner Gnade eingesetzt" (1084). Die Quasi-Definition der Sakramente – unter der Hauptüberschrift „Das Werk Christi in der Liturgie" – lautet:

> „Die Sakramente sind durch die Sinne wahrnehmbare Zeichen (Worte und Handlungen), die unserer Menschennatur zugänglich sind. Kraft des Wirkens Christi und des Waltens des Heiligen Geistes bewirken sie die Gnade, die sie bezeichnen." (1084)

Hier sind die Bezüge zu den Canones der Sessio VII des Konzils von Trient offenkundig, auch wenn der Text nicht darauf verweist. Im Trienter Canon 6 der Sessio VII heißt es etwa, daß die Sakramente die Gnade enthalten, die sie bezeichnen (continere gratiam quam significant). 1127 wird in ausdrücklichem Bezug auf diesen Text sagen, daß die Sakramente die Gnade verleihen, die sie bezeichnen, so daß ihre Wirksamkeit gesichert ist.

Nach der Behandlung der christologischen Dimension der Liturgie folgt die Darstellung der Rolle des Geistes und der Kirche in der Liturgie. Vom Heiligen Geist wird dabei die erstaunliche Aussage gemacht, er vollbringe in der Liturgie „die Meisterwerke Gottes" (1091), wobei er auf das Christus-Mysterium vorbereitet, an dieses erinnert und es vergegenwärtigt, indem in der Epiklese der Geist herabgerufen wird (zumal auf die Gaben der Eucharistie und auf die feiernden Teilnehmer.) (1104)

Wenn bezüglich aller Sakramente herausgestellt werden soll, was ihnen allen gemeinsam ist, so sind die Rückbezüge auf das Konzil von Trient recht unterschiedlich. Ich möchte nur auf wenige Aspekte hinweisen. Allen Sakramenten sei (1.) gemeinsam, daß sie „Sakramente Christi" sind. 1114 beruft sich ausdrücklich auf Sessio VII des Konzils von Trient, wonach „die Sakramente des Neuen Bundes ... alle von unserem Herrn Jesus Christus eingesetzt" sind.[2] Die zweite lehrmä-

[2] Bei näherer Betrachtung erweist sich das Zitat als Kombination aus dem Vorwort des Sakramentsdekrets und dem ersten Satz des Canon 1, wobei

ßige Gemeinsamkeit der Sakramente betrifft die ekklesiologische Dimension. Sie sind (2.) „Sakramente der Kirche". Zugegebenermaßen stand im Konzil der ekklesiologische Bezug nicht im Mittelpunkt der Überlegungen. Dennoch werden in diesem Zusammenhang auch heute noch Fragen behandelt, die im 16. Jh. nicht unbekannt waren. So etwa, wenn es um das Problem der Entstehung der Sakramente geht, und somit ein reformatorischer Einwand aufgegriffen wird, der zumal auch die Siebenzahl der Sakramente betrifft. Aus 1117-1121 geht hervor, daß die Kirche selbst als Sakrament, näherhin als „das Sakrament des Wirkens Christi" (1118) verstanden wird, so daß auch bei der Enstehung der Sakramente die Rolle der Kirche angesetzt werden darf, ohne den grundsätzlichen Rückbezug auf Jesus zu leugnen.[3]

Handlungsträger der Sakramente, so wird in 1119 ausgeführt, ist der „totus Christus" in Haupt und Gliedern als „nur eine einzige mystische Person" (Mystici corporis). Die Kirche handelt als „organisch verfaßte" „priesterliche Gemeinschaft" (vgl. LG 11). Liturgiefähig wird das priesterliche Volk durch Taufe und Firmung; einige Gläubige werden durch die Weihe zu Hirten dieses Volkes.[4] Eine

---

die Struktur des Canons gründlich zerstört wird. Warum im Text ausgerechnet der Hinweis des Vorworts auf die „anderen Konzilien" ausgelassen wird, ist mir unerfindlich. Oder sollte es eine tendenziöse Streichung sein? - Nebenbei sei erwähnt, daß die historisch-kritische Frage verdeckt wird, wenn von *Jesus Christus* gesprochen wird, wo doch die Einsetzung durch *Jesus* in jedem Einzelfall eher problematisch erscheint, also eigentlich nur von einer Einsetzung durch *Christus* gesprochen werden könnte.

[3] Die Entstehung der Sakramente wird mit der Kanonbildung verglichen. Die Kirche habe erst im Laufe der Jahrhunderte erkannt, „daß es unter ihren liturgischen Feiern sieben gibt, die im eigentlichen Sinn vom Herrn eingesetzte Sakramente sind". Was „im eigentlichen Sinn vom Herrn eingesetzt" heißt, wird jedoch nicht verraten. Natürlich hatte auch Trient die historischen Probleme nicht gelöst. Teilweise standen sie im 16. Jh. noch gar nicht deutlich genug vor Augen.

[4] Nr 1120 ist ein signifikanter Text. Einerseits wird LG 10 teilweise aufgenommen, ohne daß jedoch noch genau von „sacerdotium ministeriale seu hierarchicum" und „sacerdotium commune fidelium" gesprochen wird; unsicher ist, worauf sich das „Es" des zweiten Satzes bezieht. Es scheint, daß gegen den grammatikalischen Sinn das geweihte Amt gemeint ist. Denn dieses wird zum sakramentalen Band, das die liturgische Handlung mit den Aposteln und durch sie mit Christus, dem „Ursprung

explizite Berufung auf Trient findet sich in 1121, wo vom sakramentalen Charakter die Rede ist. Durch Taufe, Firmung und Weihe wird eine Teilnahme am Priestertum Christi gewährt und zugleich eine entsprechende Rollenzuweisung in der Kirche ausgedrückt. Das tridentinische „signum quoddam spirituale et indelebile" (DS 1609) wird relativ frei interpretiert als ein durch den Geist bewirktes Ähnlichwerden mit Christus und der Kirche, als Empfänglichkeit für die Gnade auf immer, als Verheißung und Gewähr des göttlichen Schutzes sowie als Berufung zum Gottesdienst und zum Dienst in der Kirche.

Bedenkt man, daß Trient in Sessio XXIII über den Ordo nur eine ängstliche Abweisung des gemeinsamen Priestertums kennt (DS 1767), ohne ihm eine positive Dimension zuzuweisen, dann kann man das pauschale Urteil, der Katechismus bleibe in jeder Hinsicht hinter dem Zweiten Vatikanum zurück, hier nicht gelten lassen, auch wenn LG 10 in 1119 nicht zitiert wird. (Vgl. jedoch schon 1141 und 1546f.)

Wenn (3.) die Sakramente als „Sakramente des Glaubens" verstanden werden, könnte man am ehesten einen Rückbezug auf Trient vermuten, gehörte doch die Verhältnisbestimmung von Glaube und Rechtfertigung zu den Grundfragen des 16. Jahrhunderts. Canon 4 und 5 der Sessio VII wären immerhin Bezugspunkte gewesen. Am ehesten klingen die Fragen im Zitat aus der Liturgiekonstitution (SC 59) an, aus dem auch der Ausdruck „Sakramente des Glaubens" entnommen ist (1123). Wo es (4.) um die soteriologische Dimension der Sakramente („Sakramente des Heils") geht, ist Trient wieder präsent. DS 1605f. wird in 1127, wie erwähnt, zitiert.[5] Das in 1128 aufgegriffene „ex opere operato" ist in der vorgegebenen Interpretation inhaltlich nur noch ein Anklang auf den Canon 8 der Sessio VII.

---

und Urgrund der Sakramente" in Verbindung bringt. Die historisierende Rückbindung des geweihten Amtes steht hier offensichtlich in Spannung mit der christologischen Rückbindung. Bedenkt man noch, daß die Taufe notfalls nicht an das Amt gebunden ist (vgl. 1256), wird das „sakramentale Band" durch das geweihte Amt einigermaßen problematisch, von den historisch-kritischen Einzelfragen einmal ganz abgesehen.

[5] Es heißt in 1127: „Die im Glauben würdig gefeierten Sakramente verleihen die Gnade, die sie bezeichnen." Nach Canon 5 der Sessio VII (DS 1606) wird übrigens deutlich, daß SC 59 mit diesem Canon in Spannung steht, sofern man den Ausdruck „nähren des Glaubens" ausschließlich verstünde (SC 59 sagt deshalb „nähren sie ihn auch").

Das „opus" wird nämlich nicht mehr auf die sakramentale Handlung als solche bezogen, sondern auf das einmalige Heilswerk Christi. Mir scheint, daß diese Interpretation über Trient sehr zum Vorteil hinausgeht. 1129 spricht schließlich die Heilsnotwendigkeit der Sakramente an und bezieht sich somit auf Canon 4 der Sessio VII, ohne freilich das reformatorische Grundproblem der Rechtfertigung „sola fide" mitzuübernehmen. Schließlich wird als letzter gemeinsamer Lehrpunkt angesprochen, daß die Sakramente (5.) als „Sakramente des ewigen Lebens" zu verstehen seien. Hier wird die eschatologische Dimension der Sakramente betont. Am Ende steht nun das berühmte Zitat aus s.th. 3, 60, 3, wo Thomas die Dreidimensionalität der sakramentalen Zeichen anspricht.

Im zweiten Kapitel („Die sakramentale Feier des Pascha-Mysteriums") geht es um die liturgische Feier, die allen sieben Sakramenten gemeinsam ist. Vier W-Fragen werden aufgegriffen: Wer feiert die Liturgie, wie, wann und wo wird sie gefeiert. Auf die Frage nach dem *Wer* erfolgt die Antwort, die Liturgie sei ein Tun des ganzen Christus (1136). Daraus folgt: „Die ganze *Gemeinde*, der mit Christus, dem Haupt, vereinte Leib, feiert." (1140) Diese Gemeinde ist die Gemeinschaft der Getauften, die nach LG 10 durch die Taufe zum gemeinsamen Priestertum geweiht wurden (1141). 1142 betont dann wieder den besonderen Dienst an der Gemeinde, wobei die Amtsträger „gleichsam die ‚Ikone' Christi, des Priesters" sind.[6] Immerhin hält 1144 noch einmal fest, daß bei der Feier der Sakramente „die ganze Versammlung ‚Liturge'" ist, wobei die Aufgabenteilung nach SC 28 zu beachten sei.

Auf die Frage, *wie* die Liturgie gefeiert wird, lautet die Antwort: in „Zeichen und Symbole(n)". Hier wird nun die bislang abstrakte Rede vom sakramentalen Zeichen konkretisiert. Ein offenbarungstheo-

---

[6] Natürlich ist der Vergleichscharakter zu beachten. Dennoch legt sich die Vorstellung des ikonisch-starren Bildes nahe, das in der Erstarrung zum idolischen Standbild werden kann. Das ist immerhin schon bei der gemalten Ikone zu bedenken, wird aber bei der Reikonisierung einer gelebten kirchlichen Berufung eher noch problematischer. Der Text in 1142 begründet auch nicht, warum das Amt des Bischofs „im Vorsitz der Eucharistiefeier seinen vorzüglichen Ausdruck" finden soll und das des Priesters und Diakons „in Gemeinschaft mit ihm".

logisches Stufenmodell der Zeichenwelten wird vorgestellt. Die Bedeutung der Zeichen und Symbole wurzelt „im Schöpfungswerk und in der menschlichen Kultur“, tritt im Alten Bund deutlicher zutage und „offenbart sich vollständig in der Person und im Werk Christi“ (1145).[7] Daß die atl. Zeichen nur Vorzeichen der ntl. Sakramente sind, konnte auch schon Trient sagen (vgl. DS 1602). 1150 bezieht sich dabei positiv auf die jüdischen Hintergründe, blendet jedoch aus nicht begreiflichen Gründen den Versöhnungstag und seine Liturgie aus. Jesus gibt den Zeichen des Alten Bundes einen neuen Sinn, „denn er selbst ist die Bedeutung all dieser Sinnbilder“ (1151). Letzterer Satzteil klingt dogmatisch und bleibt seinerseits eine Begründung schuldig. In 1152 wird die frühere (1084) „Definition“ der Sakramente wieder aufgenommen. „Sie versinnbilden und verwirklichen das durch Christus gewirkte Heil, deuten im voraus auf die Herrlichkeit des Himmels hin und nehmen sie in gewisser Weise vorweg.“ Hier wird immerhin der eschatologische Aspekt, der in 1084 fehlte, nicht unterschlagen.

Weiter bestehen die Sakramente aus Worten und Handlungen, sind Begegnung und Zwiesprache, so daß sich bei keinem Sakrament Wortgottesdienst und übrige liturgische Handlung voneinander trennen lassen (1153-1155). Gesang und Musik werden erwähnt, die ihre Zeichenfunktion durch eine möglichst enge Verbindung mit der liturgischen Handlung erhalten. (Vgl. 1156-1158) Es kann sogar von einer „Harmonie der Zeichen (Gesang, Musik, Worte und Handlungen)“ gesprochen werden (1158).[8]

---

[7] Näherhin geht es zunächst um „Zeichen aus der Erfahrungswelt der Menschen“. Der Mensch benötige Zeichen und Sinnbilder (= Symbole?), um durch Sprache, Gesten und Handlungen mit anderen zu kommunizieren. Dies gelte auch für seine Beziehung zu Gott. Aber auch umgekehrt spreche Gott durch die sichtbare Schöpfung zum Menschen (1146,1147). Als geschaffene Größen können die Spuren des Schöpfers Ausdruck des göttlichen Wirkens und Ausdruck der Anbetung des Menschen werden. Ob sich daraus mehr als eine pragmatische Zeichen- und Symboltheorie ergibt? Doch auch Trient hatte keine Zeichentheorie entwickelt, eher eine gängige übernommen und sich vom Beziehungsverhältnis Zeichen-Bedeutung/Wirklichkeit leiten lassen.

[8] Hier wird die ästhetische Dimension der sakramentalen Feier angesprochen, deren Bedeutung nicht hoch genug eingeschätzt werden kann. Ein Wort zur jeweiligen Rezeption zeitgenössischer Kunst wäre hier vielleicht

Wenn bezüglich der liturgischen Zeit in 1164 auf das mosaische Gesetz rekurriert wird, wo es um „gedenken", „danken, „Erinnerung" und „lehren" geht, dann nimmt sich die „Neuartigkeit des Mysteriums Christi" mit dem zurecht betonten „Heute" als die Stunde des Pascha Jesu recht mager aus. Geht es nicht auch hier um gedenken, danken und lehren?[9] Was schließlich den liturgischen Ort betrifft, so wird zunächst betont, daß der christliche Gottesdienst nicht an bestimmte Orte gebunden ist, um dann geradezu ausschließlich das Gotteshaus als Ort der Eucharistie und des Gebetes zu preisen (1179-1186).

Beachtlich ist schließlich, daß in einem eigenen Artikel 4 ein Plädoyer für die liturgische Vielfalt abgegeben wird, auch wenn dann Warnungen ausgesprochen werden, die Einheit nicht der kulturellen Vielfalt zu opfern. (1200-1206)

Wenn man diese liturgischen Überlegungen im Rahmen einer allgemeinen Sakramententheologie mit denen früherer Sakramententheologien vergleicht, erkennt man ohne Zweifel einen gehörigen Einfluß des Zweiten Vatikanums, zumal der Liturgiekonstitution, auf den Katechismus. In diesen Punkten kann das Konzil von Trient in keiner Weise Vergleichbares bieten. In Abwehr der radikaleren Forderungen der Reformatoren plädierte das Konzil von Trient für die Beibehaltung des Römischen Kanons und der lateinischen Liturgiesprache. Eine Theologie der Liturgie sucht man vergeblich. Deshalb taucht Trient in diesen Abschnitten des Katechismus mit keiner Referenz auf. Andererseits wird man gespannt sein dürfen, wie sich diese Überlegungen auf die Eucharistie auswirken werden.

---

angebracht gewesen. Auch bezüglich der liturgischen Bedeutung der heiligen Bilder (1159-1162) erhält man den Eindruck, daß eher die Bildtradition vor Augen steht als das Anliegen, auch die Disharmonien einer Kunst als Ausdrucksmittel unserer Zeit ernst zu nehmen. Sonst könnte nicht schlichtweg von der „Harmonie der liturgischen Zeichen" gesprochen werden, die doch gerade in der „memoria passionis" nicht das einzige Ausdruckselement der feiernden Gemeinde ist.

[9] Im Kirchenjahr ist Ostern unbestritten „das Fest der Feste" (1169), wobei dankbar zu registrieren ist, daß sich Ost und West erneut um einen gemeinsamen Ostertermin bemühen (1169, 1170). – Ob die Feier des Stundengebets in den Rahmen einer Sakramententheologie paßt, möchte ich bezweifeln. Die Verbindung mit ihr gelingt kaum durch den Hinweis, das Stundengebet sei „gleichsam eine Weiterführung der Eucharistiefeier" (1178).

2. Das Sakrament der Eucharistie

Es fällt auf, daß die Sakramentenlehre des Katechismus zu Beginn des zweiten Abschnitts eine Dreiteilung der sieben Sakramente vornimmt und so (1.) von den Sakramenten der christlichen Initiation (Geburt und Wachstum), (2.) von den Sakramenten der Heilung (Buße und Krankensalbung) und (3.) von denen der Sendung (Ordo und Ehe) (1210) spricht. Es wird zugegeben, diese Einteilung sei nicht die einzig mögliche, greife aber die Analogie des natürlichen Lebens auf. In gewisser Weise handelt es sich um eine „Lieblingsidee" des Katechismus, die einiges für sich hat. Ein Problem liegt allerdings darin, daß die Eucharistie zu den Initiationssakramenten zählt und zugleich die Mitte aller Sakramente ist. Der Katechismus weiß um dieses Problem (1211). Artikel 3 („Das Sakrament der Eucharistie") wird mit zwei Vornummern eröffnet, deren erster Satz lautet: „Die heilige Eucharistie vollendet die christliche Initiation." (1322) Die Erhebung zur königlichen Würde des Priestertums durch die Taufe und die tiefere Gleichgestaltung mit Christus in der Firmung führe zur Eucharistie, die in der Teilnahme am Opfer des Herrn mit der ganzen Gemeinde besteht. Die folgende Nr 1323 ist ein Zitat aus der Liturgiekonstitution (SC 47) und betont die Einsetzung des eucharistischen Opfers im österlichen Mahl.

Die Theologie der Eucharistie wird im Katechismus in folgenden sieben Punkten behandelt:

1. Die Eucharistie – Quelle und Höhepunkt des kirchlichen Lebens (1324-1327)
2. Wie wird dieses Sakrament genannt? (1328-1332)
3. Die Eucharistie in der Heilsökonomie
   [a] Die Zeichen von Brot und Wein (1333-1336)
   [b] Die Einsetzung der Eucharistie (1337-1340)
   [c] „Tut dies zu meinem Gedächtnis" (1341-1344)
4. Die liturgische Feier der Eucharistie
   [a] Die Messe aller Jahrunderte (1345-1347)
   [b] Der Ablauf der Feier (1348-1355)
5. Das sakramentale Opfer: Danksagung, Gedächtnis, Gegenwart
   [Einleitung] 1356-1358
   [a] Die Danksagung und der Lobpreis an den Vater (1359-1361)

[b] Das Opfergedächtnis Christi und seines Leibes, der Kirche (1362-1372)
[c] Die Gegenwart Christi durch die Kraft seines Wortes und die Kraft des Heiligen Geistes (1373-1381)

6. Das österliche Mahl
[Einleitung] 1382-1383
[a] „Nehmet und esset alle davon": die Kommunion (1384-1390)
[b] Die Früchte der Kommunion (1391-1401)
7. Die Eucharistie – „Unterpfand der künftigen Herrlichkeit" (1402-1405)

Schon der Einblick in die Gliederung zeigt, daß der Katechismus ein einigermaßen umfassendes Konzept der Eucharistie vorstellt, das nicht mehr – wie Trient – von der Trennung der verschiedenen Aspekte ausgeht, sondern sich um systematische Verknüpfung bemüht.

Die Trennung von Sakrament und Opfer im Konzil von Trient ist durch den unglücklichen Verlauf des Konzils noch unterstrichen worden, wäre aber im Konzil wohl auch nicht überwunden worden, wenn das Konzil in einer einzigen Sitzungsperiode getagt hätte. Zu schwergewichtig war die theologische Tradition des Mittelalters in diesem Punkt und bestimmte selbst noch die Reihenfolge der reformatorischen Bestreitungen, denen sich das Konzil seinerseits zu stellen hatte. Auf diesem Hintergrund beabsichtigte Trient keine umfassende theologische Darstellung der Eucharistie. Die Zweiteilung der Eucharistie als Sakrament und Opfer, die in den weit auseinanderliegenden Sessiones XIII (11. Oktober 1551) und XXII (17. September 1562) vorgenommen wurde, spielt für den Katechismus keine explizite Rolle mehr, wenngleich eine gewisse Trennung beider Aspekte hinter mancher Formulierung noch durchscheint, wie ich zeigen werde.[10]

---

[10] Ein besonderes Problem für das Konzil von Trient war die Forderung der Reformatoren nach der Kommunion unter beiden Gestalten für alle. Das Konzil hat sich damit in Sessio XXI und XXII eigens befaßt. Die Diskussion zog sich durch das gesamte Konzil, bis man schließlich im Anschluß an das Meßopferdekret das Problem der Kelchkommunion zur freien Entscheidung an den Heiligen Stuhl verwies. Ich blende diese beiden Texte hier aus.

Die Gliederung der beiden einschlägigen Texte der Sessio XIII und XXII sieht folgendermaßen aus:

Sessio XIII
[I.] Dekret über die hochheilige Eucharistie (DH 1635-1661)

Vorwort
1. *Die wirkliche Gegenwart unseres Herrn Jesus Christus im hochheiligen Sakrament der Eucharistie*
2. *Die Weise der Einsetzung dieses Sakramentes*
3. *Die Erhabenheit der Eucharistie über die anderen Sakramente*
4. *Die Wesensverwandlung*
5. *Der Kult und die Verehrung dieses Sakramentes*
6. *Die Aufbewahrung und die Überbringung zu den Kranken*
7. *Die Vorbereitung für den würdigen Empfang*
8. *Der Gebrauch (usus) dieses Sakramentes (Drei Weisen des Empfangs)*

[II.] Kanones über das Sakrament der Eucharistie

Sessio XXII
Lehre und Kanones über das Meßopfer (DH 1738-1759)

Vorwort
1. *Die Einsetzung des Meßopfers*
2. *Das sichtbare Opfer als Sühnemittel für Lebende und Verstorbene*
3. *Messen zu Ehren von Heiligen*
4. *Der Kanon der Messe*
5. *Die Zeremonien beim Meßopfer*
6. *Die Messe, in der allein der Priester kommuniziert*
7. *Das Wasser, das dem Wein beigemischt wird*
8. *Die Ablehnung der Volkssprache in der Messe; Erklärung ihrer Geheimnisse*
9. *Vorbemerkung zu den folgenden Kanones und Kanones über das Meßopfer*

Es würde hier zu weit führen, den im Anschluß an das Konzil von Trient entstandenen Catechismus Romanus in den Vergleich einzubeziehen. Er umfaßt zum Thema Eucharistie immerhin 81 Nummern und hat auch eine gewisse Systematisierung im Sinn. Da er an den Seelsorgklerus von damals adressiert ist, bemüht er sich immer wieder auch um Hinweise, worauf besonders zu achten sei. Insofern könnte man sagen, er sei „didaktischer" angelegt als der neue Katechismus, der sich geradezu ängstlich auf das Lehrgerüst beschränkt. Er versteht sich als „Stoffsammlung" für die noch ausstehende Ausarbeitung weiterer Katechismen.

Der **Catechismus Romanus** beginnt mit der Einsetzung, zählt die Namen der Eucharistie auf, spricht über die Eucharistie als Sakrament sowie über Materie und Form (einschließlich der Festlegung der Konsekrationsformel), legt die Konsekrationsworte aus, behandelt dann die wahre Gegenwart (wobei betont wird, auch Knochen und Nerven seien gegenwärtig – was erheblich über die Trienter Texte hinausgeht!), erklärt die Transsubstantiation, spricht vom Nutzen des Sakramentes und der Gnadenmitteilung, über die Vorbereitung zur Eucharistie (bis hin zum Fasten), über die Häufigkeit der Kommunion und die Kinderkommunion, behandelt die Kommunion unter einerlei Gestalt und den Priester als Spender dieses Sakramentes; ab Nr. 69 wird die Eucharistie als Opfer des Neuen Testaments vorgestellt und zwischen Eucharistie als Sakrament und Opfer unterschieden; Kreuz und Meßopfer werden in ihrem Verhältnis zueinander bestimmt, und die Früchte des Meßopfers werden aufgezählt; schließlich wird in der winzigen Nummer 81 über die Zeremonien dieses Opfers gesprochen, wobei auf die Meßopfererklärungen verwiesen wird, die die Priester zahlreich in Händen hätten. (Vgl. Ausg. lat.-deutsch, Regensburg 1908, 160-194)

Vergleichsmöglichkeiten und Differenzen zum neuen Katechismus scheinen auf, müssen nun aber in differenzierterer Analyse des Artikels 3 aufgewiesen werden. Ich gehe dabei der Reihenfolge der Texte entlang und übernehme die Gliederung in sieben Punkten des Katechismus.

(1.) „Die Eucharistie – Quelle und Höhepunkt des kirchlichen Lebens"

Natürlich spielt schon diese Überschrift, wie gleich aus dem ersten Text (1324) deutlich wird, auf LG 11 an, ohne freilich deren Begründung zu übernehmen, daß nämlich die Getauften am eucharistischen

Opfer teilnehmen, indem sie das göttliche Opferlamm und sich selbst darbringen. Der Text zielt sofort auf den einen Gesichtspunkt ab: Christus selbst, das Opferlamm. 1325 bezieht sich inhaltlich erneut auf LG 11, zitiert jedoch einen nachkonziliaren Text. Die Teilnahme am göttlichen Leben und die Einheit des Volkes werden durch die Eucharistie „sinnvoll bezeichnet und wunderbar bewirkt" (= LG 11), so daß hier Gottes Heilshandeln in Christus und die Verehrung, die Christus und mit ihm im Heiligen Geist Gott selbst erwiesen wird, ihren Höhepunkt erreichen.[11] Die Eucharistie vereint uns mit der himmlischen Liturgie und nimmt das ewige Leben vorweg (1326), so daß sie „der Inbegriff und die Summe unseres Glaubens ist" (1327).

(2.) Namen für die Eucharistie

Die Aufzählung und kurze Erläuterung der verschiedenen Bezeichnungen der Eucharistie ist hilfreich, wurde auch in den Trienter Debatten wiederholt vorgestellt und zeigen auch heute noch, daß ein einziger Name nicht alle Aspekte einfangen kann. Erfreulicherweise werden auch die jüdischen Hintergründe der Eucharistie erwähnt, auch wenn in 1330 gesagt wird, das eucharistische Opfer „vollendet und überragt alle Opfer des Alten Bundes", so daß sie – nach dem Schema Verheißung-Erfüllung – mit Recht der Vergangenheit angehören würden.

(3.) Heilsökonomische Dimensionen

[a] Die Zeichen von Brot und Wein

Nr. 1333 beginnt mit einer Art dogmatischer Umschreibung:

> „In der Eucharistiefeier werden Brot und Wein durch die Worte Christi und die Anrufung des Heiligen Geistes zu Leib und Blut Christi gewandelt."

Hier wird die Wandlungsfrage bereits angesprochen, die in der Sessio XIII des Konzils von Trient ganz im Mittelpunkt der Auseinandersetzung stand. (Vgl. in DS 1442 den Ausdruck per consecrationem

[11] Daß nach 1325 die Verehrung zuerst Christus erwiesen wird, dann erst mit ihm im Heiligen Geist Gott, entspricht eigentlich nicht dem „per Christum" der klassischen römischen Liturgie.

panis et vini conversionem fieri ... mit Kanon 2 DS 1652.) Dabei fällt auf, daß bereits hier die Epiklese als wichtiges Element erwähnt wird. Sie spielte in Trient im Verwandlungskontext noch keine Rolle. Die Betonung der Epiklese räumt von vorneherein jeden Verdacht aus, es handle sich bei der Wandlungsgewalt um eine rein menschliche oder auch kirchliche Kompetenz. Der rememoriale Aspekt wird hier in 1333 nur auf die Mahlgestik Jesu bezogen. Die Einsetzungstexte selbst werden hier noch nicht interpretiert. Ein gewisser Anklang an das erste Kapitel des Eucharistiedekrets der Trienter Sessio XIII (DS 1637) läßt sich vermuten. Bekanntlich war die Interpretation der Einsetzungsworte im 16. Jh. so zentral, daß sie auch in den Trienter Debatten ganz im Mittelpunkt standen, was freilich aus den Texten der Endredaktion kaum noch zu ersehen ist.[12] Neu ist in Nr. 1333 der Gedanke, daß Brot und Wein, die geheimnisvoll Leib und Blut Christi werden (vgl. Kanon 2 der Sessio XIII, DS 1652), auch noch nach der geheimnisvollen Wandlung „Zeichen für die Güte der Schöpfung" bleiben. Über das Wie dieser Gleichzeitigkeit wird allerdings nicht nachgedacht.[13] Schließlich erfolgt in Nr. 1333 noch die Erwähnung des Melchisedek, in dessen Gaben die Kirche „ein Vorzeichen ihrer eigenen Opfergabe" erkennt. Die Aneinanderreihung der verschiedenen Aspekte ohne weitere Vertiefung macht den Text trotz erfreulicher Einzelaspekte, die Neues wagen, zu einer nicht einfachen Lektüre.

In 1334 wird eine kurze atl. Bedeutungsgeschichte von Brot und Wein vorgestellt, die mit dem Verweis auf Melchisedek in 1333 schon anklang. Sie endet mit dem Satz: „Jesus hat seine Eucharistie eingesetzt, indem er der Segnung des Brotes und Kelches einen neuen,

---

[12] Mit einigen Texten der Sessio XIII habe ich mich in meiner Dissertation ausführlich befaßt. Darauf kann ich hier nur verweisen. Vgl. J. Wohlmuth, Realpräsenz und Transsubstantiation im Konzil von Trient. Eine historisch-kritische Analyse der Canones 1-4 der Sessio XIII. Bd. I: Darstellung; Bd. II: Anmerkungen und Texte, Quellen- und Literaturverzeichnis, Tafeln. Europäische Hochschulschriften, Reihe XXIII Theologie, Bd. 37. Bern-Frankfurt 1975.

[13] Wenn es sich nicht nur um einen ökologischen Modernismus handelt, könnte man ja gerade hier die Fragen ansiedeln, die im 16. Jh. so heftig diskutiert wurden, ob nämlich die wirkliche Zeichenhaftigkeit von Brot und Wein das Verschwinden der Brot- und Weinsubstanz gerade erforderlich mache.

endgültigen Sinn gab." Die Adjektive „neu" und „endgültig" erwecken den Eindruck, daß damit die bisherigen (frühjüdischen und auch heute noch geltenden jüdischen) Bedeutungsdimensionen der Vergangenheit angehören. Sie sind „anachronistisch" geworden und somit überholt. Dabei muß freilich zugegeben werden, daß sich der Verweis auf die atl. Bedeutungstradition und deren Vorläufigkeit nicht erst in Trient findet, sondern ein weit verbreitetes Theologumenon in der Eucharistietheologie geworden ist. Sessio XIII ist diesbezüglich eher sparsam. (Vgl. den Verweis auf 1 Kön 19,8 in DS 1649.) Sessio XXII erwähnt Melchisedek (DS 1739, 1740) und spielt auf den Exodus und das Pascha an (DS 1741). Bezüglich des Opfers wird Mal 1,11 zitiert, und mehrere Stellen in den Büchern Genesis und Exodus klingen an (DS 1742).

Bezeichnenderweise wird der „neue und endgültige Sinn" nach den Nummern 1335 und 1336 von der Brotvermehrungsperikope nach Matthäus, von Joh 2 und Joh 6 abgleitet, wobei letztere Stellen historisierend ausgelegt und mit moralisch-spiritueller Anwendung versehen werden; die Spaltung der Jüngerschaft sei ein Problem aller Jahrhunderte. Konkretisiert wird dies aber nicht.

[b] Die Einsetzung der Eucharistie

Hochproblematisch sind die Nummern 1337-1340. Hier ist die historisch-kritische Analyse der Eucharistietraditionen des NT spurlos vorbeigegangen. Die Texte werden kombiniert und dabei wird der Eindruck erweckt, es handle sich um historische Vorgänge. Der Höhepunkt wird in 1337 mit der These erreicht, Jesus habe beim Abendmahl die Apostel zu Priestern des Neuen Bundes eingesetzt. Dies wird mit einem wörtlichen Zitat aus der Sessio XXII des Konzils von Trient belegt. Was in DS 1740 nur in Klammern hinzugefügt wird (sc. „die er damals als Priester des Neuen Bundes einsetzte"), erscheint jetzt als selbständige, ja historisch gesicherte Beweisstelle. Deutlicher wäre der Verweis auf Kanon 2 der Sessio XXII gewesen (DS 1752) (Vgl. DS 1764, wo der Zusammenhang zwischen Opfer und Priestertum betont, jedoch die Einsetzung im Abendmahl nicht mehr behauptet wird.[14]) 1337 nimmt hier eine Dogmatisierung der Historie vor, die

[14] Vgl. J. Freitag, Sacramentum ordinis auf dem Konzil von Trient. Innsbruck-Wien 1991, 317-319. Freitag weist nach, daß eine Ableitung des

der Sache nicht dient. Der Text wird tridentinischer als Trient und mißachtet darüber hinaus die vertieften Erkenntnisse der Exegese. U.a. wird in den folgenden Nummern auch ganz selbstverständlich davon ausgegangen, daß das Abendmahl ein Paschamahl war. Auch wenn man einem Katechismus zugesteht, daß er sich aus historisch-kritischen Streitigkeiten heraushält, sollte er nicht selbst eine Position vertreten, die der Nachprüfung nicht standhält. Doch gravierender als diese Einzelfragen historischer Art ist die vom Katechismus bezüglich des Verhältnisses von Letztem Abendmahl und jüdischem Pesach vertretene theologische These, das Abendmahl gebe dem jüdischen Paschamahl „seinen endgültigen Sinn" (1340). Sollte es sich bei „seinen" nicht um eine Ungenauigkeit handeln – es wird später abgeschwächt –, so wird hier das Schema Verheißung-Erfüllung so auf die Spitze getrieben, daß das jüdische Pesach post Christum als reiner Anachronismus erscheinen muß.

[c] „Tut dies zu meinem Gedächtnis!"

Dünn bleiben die Nummern 1341-1344, indem das zentrale Element des „Gedächtnisses" ausschließlich „christlich" interpretiert wird. Dabei erscheint die Spannung von Gedächtnis und eschatologischer Erwartung bzw. deren Erfüllung im Reich Gottes durch bloße Nebeneinanderstellung der Aussagen in ihrer Brisanz sehr abgeschwächt. Eine systematische Besinnung auf die eschatologische Dimension der Eucharistie (als sacramentum spei) hätte auch das Schema Verheißung-Erfüllung überwinden können. Mit dem Judentum ist auch die

---

Priestertums ausschließlich vom Opfer und damit eine Rückbindung auf die Stiftung im Abendmahl vom Text dieser Sessio (XXII) nicht mehr versucht wird. Es ergeben sich also schon Spannungen in Trient. Dies hängt mit der Frage zusammen, ob vom „ordo" oder vom „sacerdotium" her gedacht wird. Der Text entschied sich zwar nicht für den Ansatz beim „sacerdotium", läßt aber Opfer und Priestertum immer noch zusammengehören, auch wenn er dieses Beziehungsverhältnis nicht mehr so ausschließlich versteht, wie es vorhergehende Textentwürfe noch versuchten. Andererseits verhinderte die enge Verbindung von „sacerdotium" und Eucharistie, daß Priester- und Bischofsamt gegeneinander ausgespielt wurden. Vgl. meine kurze Studie: Ecclesia reformanda. Aspekte des Amtsverständnisses zur Zeit des Konziliarismus und des Konzils von Trient. In: P. Eicher, Hg., Klerikerstreit. Die Auseinandersetzung um Eugen Drewermann. München 1990, 176-89.361-68.

Christenheit immer noch eine Hoffnungsgemeinschaft auf das noch ausstehende Heil. Bezüglich der rememorialen und eschatologischen Aspekte hätte man sich natürlich auch auf Trient beziehen können (vgl. DS 1740 [Sessio XXII] und DS 1638 [Sessio XIII]). Der eschatologische Aspekt findet sich auch in der Sessio XIII (DS 1638).

(4.) Die liturgische Feier der Eucharistie

Unter der Überschrift „Die Messe aller Jahrhunderte“ werden in den Nummern 1345-1347 wichtige Erkenntisse der Liturgiereform aufgenommen; vor allem erscheinen Wortgottesdienst und Eucharistiefeier nach SC 56 als einziger Kultakt (1346). Das Justinzitat mit der frühesten Erwähung einer liturgischen Grundstruktur der Eucharistiefeier, die sich insgesamt durch die folgenden Jahrhunderte durchgehalten hat und an der sich auch die jüngsten Reformen zu orientieren versuchten, berechtigt in etwa zu der These, daß die Grundgestalt durch die Jahrhunderte bewahrt wurde. Eine andere Frage ist es, ob daraus schon alles zu ersehen ist, was für heutige Liturgietheologie wichtig wäre. Der konkrete Aufbau der Messe, wie er in den Nummern 1348-1355 vorgestellt wird, läßt jedenfalls zu wünschen übrig. Mir fällt auf, daß allein schon durch die Aufteilung in verschiedene Nummern das Eucharistiegebet (Anaphora) zerschlagen wird. Doch dies zu beurteilen, fällt nicht in meine Kompetenz. Von Trient kann man diesbezüglich ohnehin nichts lernen. Denn die liturgischen Erwägungen des Katechismus gehen insgesamt weit über das hinaus, was in Sessio XXII apologetisch gegen die Reformation über den römischen Kanon und die Zermonien der Messe gesagt wird. Bei der näheren Umschreibung des Eucharistiegebetes als „Danksagungs- und Konsekrationsgebet“ (1352) fließen traditionelle Wandlungstheologie – Wandlung kraft des Wortes – und neuere Theologie der Epiklese – Wandlung kraft des Geistes – zusammen, wenn gesagt wird, im Einsetzungsbericht machten „die Kraft der Worte und des Handelns Christi“ sowie „die Macht des Heiligen Geistes“ das einmalige Kreuzesopfer gegenwärtig (1353). Die christologische Dimension der „verba testamenti“ teilte das Konzil von Trient auch mit Luther (vgl. DS 1637). Die Einmaligkeit des Opfers wurde auch in Sessio XXII ohne jede Einschränkung festgehalten. Daß der Heilige Geist auch die Gemeinde in das Wandlungsgeschehen einbezieht, wird in 1353 erfreulicherweise eigens betont.

(5.) „Das sakramentale Opfer: Danksagung, Gedächtnis, Gegenwart“

Die einführenden Nummern 1356-1358 greifen auf bereits Gesagtes zurück. Immerhin wird in 1357 davon gesprochen, daß „wir“ das Gedächtnis des Opfers Jesu feiern. Wieder wird Schöpfung und Verwandlung der Gaben miteinander verbunden. 1358 faßt stichpunktartig zusammen, was in den folgenden Überlegungen entfaltet wird (Danksagung – Opfergedächtnis – Gegenwart).

[a] Die Danksagung und der Lobpreis an den Vater

1359 verbindet noch einmal die Eucharistie als „das Sakrament unseres durch Christus am Kreuz vollbrachten Heiles“ mit der Danksagung für das Werk der Schöpfung. Ja, es wird die Aussage gewagt, im eucharistischen Opfer werde „die ganze von Gott geliebte Schöpfung durch den Tod und die Auferstehung Christi dem Vater dargebracht“. Der Rückverweis auf Nr. 293 („Die Welt ist zur Ehre Gottes geschaffen“) wird dafür kaum schon als Begründung gelten können. Auch eine biblische Begründung dürfte schwerfallen. Dennoch wird es sich lohnen, in Zukunft über diesen – in jedem Fall über Trient hinausgehenden – Zusammenhang intensiver nachzudenken und sich um eine theologische Begründung zu bemühen. Daß die Eucharistie Dank an den Vater ist, hängt nach 1360 mit dem gesamten Heilswerk zusammen, das bereits mit der Schöpfung beginnt. Problematischer dürfte 1361 sein. Hier wird zwar zunächst gesagt, daß das Opfer des Lobes durch die Kirche zugleich „im Namen der ganzen Schöpfung“ geschieht und „nur durch Christus“ möglich ist. Wenn die christliche Gemeinde auf diese Weise Gott preist, dürfte aber damit keineswegs jedes nicht christologisch bedingte Schöpfungslob ausgeschlossen werden. Es ist ja gerade das Thema der Schöpfung, das die christliche Kirche mit dem Judentum verbindet (wie seit Markion klar ist).

[b] Das Opfergedächtnis Christi und seines Leibes, der Kirche

Die Eucharistie ist nach 1362 „das Gedächtnis des Pascha Christi, die sakramentale Vergegenwärtigung und Darbringung seines einzigen Opfers in der Liturgie seines Leibes, der Kirche“. In der Wiederaufnahme des Terminus „Gedächtnis“ (Anamnese) wird jetzt in 1363 auch auf den jüdischen Hintergrund eingegangen, der oben angemahnt wurde. Wie im jüdischen Pascha die Ereignisse der Befreiung gegenwärtig werden, so lebt auch die christliche Liturgie von der aktualisierenden Vergegenwärtigung. Freilich bleibt es dabei nur bei einem Vergleich. Denn 1364 sagt: „Im Neuen Bund erhält das Gedächtnis einen neuen Sinn." Die Kirche gedenkt des Pascha Christi, d. h. seines ein für allemal dargebrachten Opfers. Hier wird auf LG 3 verwiesen, ebenso hätte man sich auf Sessio XXII des Konzils von Trient beziehen können, wo auf das Pascha (DS 1741) und auf die Einmaligkeit des Kreuzesopfers Bezug genommen wird (DS 1743). Immerhin heißt es jetzt in 1364 nicht mehr, das Pascha erhalte „*seinen*" neuen Sinn. Wenn in 1365 gesagt wird, der Opfercharakter der Eucharistie trete schon in den Einsetzungstexten zutage, so ist dies natürlich auch die Überzeugung des Konzils von Trient (vgl. DS 1740).[15] Nicht von ungefähr wird in der folgenden Nr. 1366 ausführlich aus der Sessio XXII zitiert. 1367 beginnt dann mit dem Satz: „Das Opfer Christi und das Opfer der Eucharistie sind *ein einziges Opfer*." Dieser in sich noch nicht eindeutige Satz wird gleich durch ein erstes Zitat aus dem Meßopferdekret belegt: „Denn die Opfergabe ist ein und dieselbe; derselbe, der sich selbst damals am Kreuze opferte, opfert jetzt durch den Dienst der Priester; allein die Weise des Opferns ist verschieden." Das Zitat stammt aus Kapitel 2 der Sessio XXII, wo es um das Opfer als Sühnemittel geht (DS 1743). Das zweite Zitat in der Nr. 1367 stellt dort den Anfang des Satzes dar[16] und wird in der Katechismusbearbeitung gehörig grammatikalisch bearbeitet. Gesagt werden soll nur, daß sich Christus auf dem Altar des Kreuzes ein für allemal blutig opferte, die Eucharistie aber auf unblutige Weise gefeiert wird. Das Verständnis der Messe als Sühnopfer wird aber von Trient nicht übernommen. Umgekehrt ist die Betonung des Opfers der Kirche in 1368 („Die Kirche, der Leib Christi, nimmt am Opfer ihres Hauptes teil.") so nicht mit Trient zu belegen, auch wenn der ekklesiologische Aspekt in der Eucharistietheologie des Spätmittelalters

[15] Nebenbei sei erwähnt, daß der Text das Kelchwort entgegen der eingeführten Übersetzung wieder revidiert. Es heißt „für viele vergossen".

[16] „Und weil in diesem göttlichen Opfer, das in der Messe vollzogen wird, jener selbe Christus enthalten ist und unblutig geopfert wird, der auf dem Altar des Kreuzes ein für allemal sich selbst blutig opferte: so lehrt die heilige Synode, daß dieses Opfer wahrhaft ein Sühnopfer ist ..."

nicht unbekannt war.[17] Die Teilnahme scheint mehr zu besagen als die Zuwendung der Früchte oder auch das Verständnis des Opfers Christi als Sühnemittel, wovon das Konzil von Trient sprach (vgl. DS 1743). Die ökumenische Rezeption der Nr. 1366 wird vermutlich nicht selbstverständlich sein. Dies wird aber noch mehr für 1369 gelten, wo die Vereinigung der ganzen Kirche mit dem Opfer und der Fürbitte Christi auf die Hierarchie hin ausgelegt wird. Unerträglich finde ich den Satz, der Papst sei kraft seines Petrusdienstes „an jeder Eucharistiefeier beteiligt". Trient hätte einen solchen Satz nicht sagen können. Etwas ganz anderes ist es, daß die Gemeinde in der Eucharistie derer gedenkt, die sich für den Glauben abmühen, wie es im Schlußsatz angedeutet wird.

Wenn 1371 auch die Glieder Christi in der Herrlichkeit einbezieht und dabei betont, die Eucharistie werde in Gemeinschaft mit Maria und im Gedenken an sie und die Heiligen dargebracht, dann könnte an Kapitel 3 der Sessio XXII erinnert werden, wo der reformatorische Einwand abgewehrt wird, das Opfer werde den Heiligen dargebracht und nicht nur zu ihrem Gedächtnis gefeiert (DS 1744). Nach 1371 wird das eucharistische Opfer auch für die in Christus gestorbenen Gläubigen dargebracht, „die noch nicht vollständig gereinigt sind". Der Relativsatz stammt aus Sessio XXII (DS 1743), aus der schon zweimal zitiert wurde. Der Terminus „Sühnopfer" wird jedoch erneut nicht übernommen, ebenfalls nicht die Aussage, daß dieses Opfer „auch noch so große Sünden" vergebe, wie es in Trient noch geheißen hatte.

Aus der Konstellation dieser Texte und ihrer Rückbezüge auf Trient ist zu erkennen, daß die Verfasser das Konzil von Trient durchaus differenziert bearbeiten. Andererseits werden Aspekte neu eingeführt, die in keiner Weise mit Trient belegt werden können.

---

[17] Wiederholt wurde auch in Trient noch auf die ekklesiologische Bedeutung der Vermischung von Wasser und Wein hingewiesen und von der Eucharistie als Zeichen gesprochen, das einerseits Christus sakramental enthält, die Kirche aber nur bezeichnet. Sessio XIII nennt die Eucharistie sehr zutreffend ein „symbolum unitatis et caritatis" (DS 1365). Vgl. Sessio XXII, wo von der Kirche als der „geliebten Braut" die Rede ist (DS 1740).

[c] Die Gegenwart Christi

Die Anordnung dieser Thematik in das gesamte Eucharistiekapitel macht auf den vielleicht gravierendsten Unterschied zu Trient aufmerksam. Die Lehre über die Eucharistie als Sakrament in Sessio XIII war vor allem mit dem Problem der Realpräsenz befaßt. Hier wurden auch die entscheidenden reformatorischen Einwände zuerst aufgegriffen und in zwei Sitzungsperioden behandelt. Eine Einleitung in das Thema, wie sie der Katechismus in Nr 1373 darbietet, wäre in Trient unvorstellbar gewesen. Man hätte wohl die eucharistische Gegenwart eher abgeschwächt gesehen, als daß sie die Intensivform der Gegenwart Christi dargestellt hätte. 1373 beginnt nämlich mit der Darstellung der mehrfachen Gegenwart des Auferstandenen in seiner Kirche. Der Verweis auf LG 48 und auf SC 7 betont vor allem auch die über die Liturgie hinausgehende Gegenwartsweise, die im Anklang an Mt 25,31ff. erwähnt wird. Dies mindert nicht die Gegenwart *„vor allem unter den eucharistischen Gestalten“*, sondern hebt sie entsprechend hervor, wie mit SC 7 betont wird.

Dennoch muß der Katechismus bei der Behandlung der wirklichen Gegenwart natürlich das Konzil von Trient zitieren. Er tut es in 1374 und – in fast feierlicher Form – in 1376. Die eucharistische Gegenwart, so setzt 1374 an, sei „einzigartig“. Damit wird offensichtlich auf jenes „admirabilis et singularis“ des Kanon 2 der Sessio XIII angespielt. Auch Kapitel 1 des Dekrets dieser Sessio dürfte im Hintergrund stehen; dort wird nämlich gesagt, man könne die Daseinsweise (ratio existendi) Christi, des Erhöhten, kaum mit Worten ausdrücken. (DS 1636) Mit Bezug auf Kanon 1 der Sessio XIII wird die Gegenwart dann so beschrieben:

> „Im heiligsten Sakrament der Eucharistie ist ‚*wahrhaft, wirklich und substanzhaft* der Leib und das Blut zusammen mit der Seele und Gottheit unseres Herrn Jesus Christus und daher der ganze Christus enthalten‘.“

Sogleich wird aus der Enzyklika „Mysterium fidei“ hinzugefügt, die eucharistische Präsenz sei „nicht ausschlußweise ‚wirklich‘, als ob die anderen [Gegenwartsweisen] nicht ‚wirklich‘ seien, sondern vorzugsweise, weil sie substantiell ist; in ihr wird nämlich der ganze und unversehrte Christus, Gott und Mensch, gegenwärtig“ (MF 39).

Die Verwandlung des Brotes und Weines sei schon von den Kirchenvätern bekannt worden, heißt es sodann in 1375. Ein östliches (Chrysostomus) und ein westliches (Ambrosius, De mysteriis) Zeugnis wird angeführt. Die unter dem Namen des Ambrosius bekannte Eucharistietheologie spielte auch in den Trienter Debatten eine bedeutsame Rolle. Ambrosius hatte ja auch Aufnahme in die berühmte Rechtssammlung des Decretum Gratiani gefunden (vgl. De consecratione Dist. II c. 69 [=De sacramentis]).

Nr. 1376 bezieht sich unmittelbar auf das Konzil von Trient. Es wird ausführlich aus dem Dekret der Sessio XIII (Kapitel 4) zitiert, wobei dem Konzil von Trient einleitend attestiert wird, es fasse „den katholischen Glauben zusammen". Interessanterweise wird nicht der Kanon 2 der Sessio XIII zitiert. Offensichtlich will man die positive Darlegung lieber als die anathematisierende Fassung des Kanon 2.[18]

Die bloße Wiederholung der Texte verdeckt leider das intensive Bemühen sowohl des Konzils von Trient als auch das unseres Jahrhunderts um das Verständnis der Realpräsenz, das im 16. Jh. noch mit dem Terminus „Transsubstantiation" umschrieben wurde und heute mit anderen Terminologien vor Mißverständnissen bewahrt wird.[19] Ohne Zweifel tritt hier das römische Lehramt gegen das Vergessen

[18] Von der Entstehung her ist das Dekret eher sekundär und in letzter Minute entworfen. So sind einige Unterlassungen geschehen. Der Dekrettext der Sessio XIII nimmt das „admirabilis et singularis" von Kanon 2 nicht auf; am Schluß verwendet er die Vergangenheitsform (wurde genannt), obgleich der Kanon 2 das Präsens gebraucht hatte, weil ein lückenloser Nachweis der Verwendung des Wortes „Transsubstantiation" und eine Ausdehung des Sprachgebrauchs auf die alte Kirche problematisch erschien.

[19] Ein Blick auf den deutschen Katholischen Erwachsenenkatechismus läßt hier aufatmen. Auch hier wird Trient zitiert. Es wird aber zugleich eine Auslegung damit verbunden, hinter der man unschwer die jüngere Diskussion um die Realpräsenz erkennen kann. (Vgl. S. 350f.) - In meiner eigenen Arbeit konnte ich herausstellen, daß zur Aufrechterhaltung des Terminus Transsubstantiation in Trient die christologischen Überlegungen ausschlaggebender waren als die Bewahrung aristotelischer Philosophie. Es ging in Trient darum, einerseits die wirkliche Gegenwart des Auferstandenen festzuhalten und zugleich die sakramentale Gegenwart von der Inkarnation zu unterscheiden. Das Sakrament ist keine fortgesetzte Inkarnation.

ein, unterläßt es aber, für ein tieferes Verstehen zu werben. Insofern ist der Katechismus hier für die Hand der Gläubigen nicht geeignet und die Fachleute werden sich entsprechende Hilfen suchen müssen.

Leider wird in 1377 auch die These festgehalten, die eucharistische Gegenwart beginne „im Zeitpunkt der Konsekration". Die Fortdauer über die Feier hinaus wird damit verbunden. Beides war natürlich auch in Trient nicht umstritten. Zu letzterem hätte man sich auf Kanon 4 der Sessio XIII (DS 1654) berufen können (vgl. auch Kanon 7). Wenn 1377 von der Präsenz des ganzen Christus spricht, wird erneut eine tridentinische Thematik aufgegriffen. (Vgl. das „totus Christus" in Kapitel 3 bzw. Kanon 3 der Sessio XIII [DS 1641, DS 1653].) Auch in der Nr. 1378 (Verehrung der Eucharistie) hätte man sich auf Sessio XIII (Kanon 6: DS 1656) berufen können. 1380 bringt eine meditative Nachbetrachtung, die leichte Anklänge an den Beginn von Kapitel 2 der Sessio XIII und an Kapitel 1 der Sessio XXII hat (DS 1638, DS 1741)). Schließlich wird betont, daß sich die geheimnisvolle Gegenwart im Sakrament nur durch den Glauben erfassen läßt (vgl. Nr. 1380). Mit dem „Adoro te devote" in Nr. 1381 enden die Ausführungen über die Realpräsenz.

(6.) „Das österliche Mahl"

Die Nr. 1382 bindet Opfergedächtnis und Mahl als Kommunion leider nur durch ein schwaches „und" zusammen. Es heißt nicht: *Als* Opfer ist die Eucharistie ein Mahl bzw. *als* Mahl ein Opfer. Erst im Schlußsatz erfolgt so etwas wie eine Verschränkung ineinander: „Kommunizieren heißt, Christus selbst empfangen, der sich für uns hingegeben hat." Deshalb ist der Altar zugleich Opferaltar und Tisch des Herrn, wie es anschließend in 1383 heißt. Die Zitate aus „De sacramentis" betonen den ekklesialen Aspekt und die Einheit von Opfer und Kommunion. Schon Trient hatte in Kapitel 1 der Sessio XXII Darbringung und Darreichung eng zusammengesehen (DS 1740).

[a] „ ‚Nehmet und esset alle davon': die Kommunion"

Das Thema Österliches Mahl erhält in den Nummern 1384-1401 eine zweifache Vertiefung: die Kommunion und ihre Früchte. Die irreführende Überschrift, als ginge es nur um das Essen, nicht auch um das Trinken, wird schon in 1384 zurückgenommen, wo Joh 6,53 (mit

„und sein Blut nicht trinkt“) zitiert wird. Immerhin wird in 1390 davon gesprochen, die Eucharistie gewinne ihre volle Zeichenhaftigkeit, wenn sie unter beiden Gestalten gereicht wird (vgl. Einführung in das Meßbuch). Auf die ostkirchliche Praxis wird verwiesen, ohne daß für die Westkirchen Konsequenzen daraus gezogen werden. Dennoch ist im Vergleich zu Sessio XXI und XXII des Konzils von Trient die Zeit in dieser Frage nicht stehengeblieben.

Die Nummern 1385-89 schärfen die gute Vorbereitung auf die Kommunion ein – in 1385 hätte man sich auf Kapitel 7 der Sessio XIII beziehen können (vgl. DS 1646f) – und empfehlen mit dem Zweiten Vatikanum die häufige, ja tägliche Kommunion. Auch erinnern sie an die Sonntagspflicht der Gläubigen. Wenn in 1390 abschließend die dogmatische Begründung der Kommunion unter einer Gestalt gegeben wird, wobei man sich auf das Konzil von Konstanz und Trient berufen hätte können, erscheint die letzte Passage des Textes dieser Nummer doch eher als Einladung zur Kommunion unter beiden Gestalten. Ein Wunsch, dieser Praxis mehr Raum zu geben, wird freilich nicht ausgesprochen. Was die Vorbereitung auf die Kommunion betrifft, hätte in Nr. 1385 gut auf Kapitel 7 der Sessio XIII verwiesen werden können (DS 1646f).

[b] „Die Früchte der Kommunion“

„Die Kommunion vertieft unsere Vereinigung mit Christus.“ (1391) Das Gnadenleben wird genährt und erneuert (1392; vgl. Kapitel 2 der Sessio XIII, DS 1638). Die Spannung zwischen 1393 und 1394 (Reinigung der begangenen Sünden und Tilgung nur der läßlichen Sünden) steckt auch schon in den Aussagen von Trient. Dort wird, wie bereits erwähnt, in Sessio XXII Kapitel 2 gesagt, auch noch so schwere Sünden würden vergeben, während in Kapitel 2 der Sessio XIII von der Vergebung der „täglichen Schuld“ (a culpis quoditianis) und von der Bewahrung vor der Todsünde die Rede ist. Nr. 1394 spricht mit Hinweis auf Kapitel 2 der Sessio XIII nun eindeutig von der Tilgung der läßlichen Sünden durch die Liebe, die durch die Eucharistie gestärkt wird. In Kapitel 7 dieser Sessio wird auch betont, daß niemand, der sich einer schweren Sünde bewußt ist, ohne Beichte zur Kommunion gehen dürfe (DS 1647). 1395 greift dies auf, ohne freilich auf Trient zu verweisen. Zu den Früchten der Kommunion gehört die Einheit des mystischen Leibes. *„Die Eucharistie baut die Kirche.“*

(1396) Auch Trient nennt in der Einleitung zum Dekret der Sessio XIII die Eucharistie ein Zeichen der Einheit und der Liebe der Kirche (DS 1635). Kapitel 2 bringt dies im dritten Abschnitt erneut zum Ausdruck (DS 1638).

1397, ein Text, der für befreiungstheologische Anliegen relevant sein dürfte, spricht die ethische Verpflichtung gegenüber den Armen an. Mit der ökumenischen Dimension befassen sich die Nummern 1398-1401. Während mit den Ostkirchen eine Eucharistiegemeinschaft unter bestimmten Umständen möglich, ja ratsam erscheint, wird eine Eucharistiegemeinschaft mit den Reformationskirchen abgelehnt („nicht möglich"). Hier scheinen alle Konsens- und Konvergenzbemühungen am römischen Lehramt spurlos vorbeigegangen zu sein. Das Lima-Dokument wäre wenigstens einer Erwähnung wert gewesen. Nichts von alledem. Man verharrt in diesem Punkt beim Ökumenismusdekret. Daß bezüglich der Ökumene Trient nicht Pate stehen kann, ist klar. Immerhin hat aber Trient niemand namentlich verurteilt und in den Kanones nur hypothetisch jemand ausgeschlossen, falls er sagt bzw. nicht sagt, was die Kirche verwirft bzw. glaubt. Wenn die heutigen Bemühungen ergeben, daß einzelne und Kirchen von den Trienter Unterstellungen sich nicht betroffen wissen, müßte der Weg – mindestens – zur eucharistischen Gastfreundschaft möglich sein. 1401 setzt ja auch voraus, daß ein Nichtkatholik den katholischen Glauben bekennt und so Gastrecht in der katholischen Kirche genießt. 1400 verbindet mit der ablehnenden Haltung immerhin ein positives Zitat aus dem Ökumenismusdekret, das auf die Anerkennung des evangelischen Abendmahls hintendiert.

(7.) „Die Eucharistie – ‚Unterpfand der künftigen Herrlichkeit'"

Mit dem Hinweis auf die eschatologische Dimension der Eucharistie (1402-1405) wird der Artikel 3, die Eucharistietheologie des Katechismus, zum Abschluß gebracht. Wie 1402 nennt auch die Sessio XIII (Kapitel 2) die Eucharistie ein „Unterpfand unserer künftigen Herrlichkeit". Sessio XXII spricht vom Pascha des Herrn als „Hinübergang aus dieser Welt zum Vater" (DS 1741). Man kann aber gewiß nicht sagen, daß in Trient die „große Hoffnung auf einen neuen Himmel und eine neue Erde", von der die letzte Nr. des Kapitels 3 spricht (1405) im Zentrum der Aufmerksamkeit stand. 1405 führt denn auch gleich LG 3 an, um die Eucharistie nicht eschatologisch verflüchtigen zu lassen: schon jetzt „vollzieht sich das Werk unserer Erlösung". Ob freilich das Wort von der „Arznei der Unsterblichkeit" des Ignatius vorteilhaft zum Schlußsatz aller Ausführugen gemacht werden sollte, ohne dessen Problematik zu bedenken, erscheint mir fraglich.[20]

3. Kurzes Resümee

Als Ergebnis halte ich fest, daß über die expliziten Referenzen auf das Konzil von Trient hinaus eine Reihe von impliziten Bezügen bestehen. Trient ist im Weltkatechismus vergleichsweise ebenso präsent wie das Zweite Vatikanum. Offensichtlich wird eine Balance zwischen diesen beiden Konzilien herzustellen versucht. Deshalb ist in jeder Einzelfrage zu prüfen, ob diese Balance theologisch wirklich trägt. Einen totalen oder gar fundamentalistischen Rückbezug auf das Konzil von Trient oder gar dessen Liturgieverständnis kann man dem Katechismus nicht vorwerfen. Eine theologisch verantwortete Eucharistietheologie erübrigt sich durch den Katechismus nicht.

[20] In den Kurztexten wird nur in Nr. 1423 auf Trient Bezug genommen. Die Referenz dürfte sich aber ebenso auf DS 1642 und auf DS 1652 beziehen. Sachlich beziehen sich allerdings auch andere Formulierungen indirekt auf Trient.

Andreas Heinz

Die eucharistietheologischen Aussagen des Konzils von Trient vor dem Hintergrund der spätmittelalterlichen Praxis der Meßfeier

Die für die Neuorientierung der eucharistischen Frömmigkeit nach dem Zweiten Vatikanischen Konzil wichtige Eucharistie-Instruktion „Eucharisticum mysterium", veröffentlicht am Fronleichnamsfest (25. Mai) 1967, beruft sich nicht weniger als elfmal auf das Tridentinum.[1] Auch der 1993 erschienene „Katechismus der Katholischen Kirche" (KKK) berücksichtigt in seinen Ausführungen über das „Sakrament der Eucharistie" in Artikel 3 des zweiten Teils (Die Feier des Christlichen Mysteriums) in auffällig starkem Maß die einschlägigen Aussagen des Konzils von Trient. Darauf nimmt der Weltkatechismus in seinem Eucharistiekapitel neun Mal ausdrücklich Bezug.[2] Hinzu kommen die unausgesprochenen Rückbezüge.[3]

Wenn eucharistietheologische Aussagen gut vierhundert Jahre nach ihrer Formulierung wiederholt werden, ist es doppelt wichtig, ihre Zeitgebundenheit nicht zu übersehen. Was das Trienter Konzil (1545-1563) über das Sakrament der Eucharistie gesagt hat, war bestimmt und bedingt durch die Notwendigkeit, auf die diesen Kernbereich kirchlichen Lebens treffende Kritik der Reformatoren zu reagieren.[4]

---

[1] Vgl. Sacra Congregatio Rituum, Instructio de cultu mysterii eucharistici, Rom 25.5.1967; deutsch: Instruktion über Feier und Verehrung des Geheimnisses der Eucharistie. Hg. von den Liturgischen Instituten Trier, Salzburg und Freiburg/Schweiz. Eingeleitet von Heinrich Rennings, Trier 1967 (Nachkonziliare Dokumentation Bd. 6).

[2] Vgl. Katechismus der Katholischen Kirche. Deutsche Ausgabe, München 1993, Nr. 1337, 1366 f., 1371, 1374, 1376f., 1394, 1413.

[3] Vgl. etwa KKK Nr. 1373; Verweis auf SC 7; der Artikel der Liturgiekonstitution verweist seinerseits zurück auf das tridentinische Dekret „De ss. Missae sacrificio" (DS 1743).

[4] Vgl. R. Theisen, The Reform of Mass Liturgy and the Council of Trent, in: Worship 40 (1966) 565-583; J. Wohlmut, Realpräsenz und Transsub-

Diese Kritik und die Art der katholischen Antwort sind beide zu sehen und können nur sachgerecht interpretiert werden vor dem Hintergrund der damaligen gottesdienstlichen Praxis. Insofern dürfte es nicht überflüssig sein, im Rahmen dieses Symposions einige Merkmale der spätmittelalterlichen Meßpraxis und Eucharistiefrömmigkeit in Erinnerung zu rufen, die zur Erhellung der tridentinischen Lehraussagen in diesem Bereich beitragen können.

I. Die fehlende Zusammenschau von Eucharistiefeier und eucharistischem Sakrament

1. Decretum de ss. Eucharistia (11. Oktober 1551)

Zu den zeitbedingten Schwächen der Eucharistielehre des Konzils von Trient gehört ihre eigenartige Aufteilung. An drei unverbunden nebeneinanderstehenden Stellen hat das Konzil von der Eucharistie gehandelt. Zuerst in den 1551 verabschiedeten „Canones de sanctissimo Eucharistiae sacramento" (DS 1651-1661). Im Mittelpunkt der Aufmerksamkeit steht dort das „Altarsakrament": das gleichsam von der Eucharistiefeier losgelöste, in sich betrachtete, höchste Gut. Die Eucharistie erscheint als das durch das Aussprechen der Abendmahlsworte Jesu, infolge der Transsubstantiation bewirkte Sakrament der realen, substantiellen und bleibenden Gegenwart Christi. Daraus wird dann die Legitimität der Aufbewahrung und der Verehrung des eucharistischen Sakraments jenseits der Meßfeier gefolgert und die von den Reformatoren abgelehnten zeitgenössischen Formen des eucharistischen Kults verteidigt, namentlich das Fronleichnamsfest mit seiner Sakramentsprozession. Erst am Ende der Canones-Reihe und in den beiden letzten Kapiteln des zugehörigen Dekrets „de ss. Eucharistia"

---

stantiation im Konzil von Trient. Eine historisch-kritische Analyse der Canones 1-4 der Sessio XIII, 2 Bde (EHS 37), Frankfurt/M. 1975; D.N. Powes, The Sacrifice we offer. The Tridentine Dogma and its Reinterpretation, New York 1987; zusammenfassend vgl. jetzt den Überblick und die Literaturhinweise bei H.B. Meyer SJ, Eucharistie, Geschichte, Theologie, Pastoral. Mit einem Beitrag von Irmgard Pahl (Gottesdienst der Kirche 4), Regensburg 1989, 247-272.

(DS 1646-1649) kommt der Empfang des Sakraments in den Blick. Diesbezüglich war es den Vätern vor allem darum zu tun, die rechte Disposition und eine höchstmögliche Ehrfurcht beim „Gebrauch" (usus) des Sakraments anzumahnen. Sie rechneten offenbar mit einem auch in Zukunft eher seltenen Eucharistieempfang der Gläubigen. Immerhin schließt das Dekret mit der sympathischen Empfehlung, sich nicht mit dem Minimum der österlichen Pflichtkommunion, wie sie das Vierte Laterankonzil 1215 vorgeschrieben hatte (DS 812), zufriedenzugeben, sondern häufiger das Sakrament zu empfangen.[5]

Dabei läßt die auf die Eucharistie als bleibendes Sakrament ausgerichtete Betrachtungsweise es unerheblich erscheinen, ob die eucharistische Speise innerhalb oder außerhalb der Messe gereicht wird. Nach Trient wurde die von der Messe losgelöste Kommunionspendung mit den in einer früheren Feier gleichsam vorauskonsekrierten, im Tabernakel aufbewahrten Hostien denn auch die Regel.[6] Der tridentinische Meßordo sah die Gläubigenkommunion als Teil der Messe nicht einmal vor,[7] wie er überhaupt eine Volksbeteiligung nicht kannte.

Die Wiederentdeckung der Mahlgestalt der Feier und die Hereinnahme der Gläubigenkommunion in den Kommunionteil der Messe gelangen auf breiter Front erst im Zuge der Liturgischen Bewegung unseres Jahrhunderts.[8]

---

[5] Vgl. Sessio XXII: De ss. Missae sacrificio c. 6 (DS 1747); vgl. P. Browe, Die häufige Kommunion im Mittelalter, Münster 1938, 43f.; J.A. Jungmann, Missarum Sollemnia, 2 Bde, Wien–Freiburg–Basel 1962, II 454; Meyer, Eucharistie (s. Anm. 4) 288.

[6] Vgl. P. Browe, Wann fing man an, die Kommunion außerhalb der Messe auszuteilen?, in: Theologie und Glaube 23(1931) 755-762; Jungmann, MS (s.Anm. 5) II 508-510.

[7] Vgl. Jungmann, MS (s.Anm.5) II 447.

[8] Vgl. Th. Maas-Ewerd, Liturgie in der Pfarrei. Einfluß der Liturgischen Erneuerung auf Leben und Verständnis der Pfarrei im deutschen Sprachgebiet, Paderborn 1969; J.A. Jungmann, Liturgie im Leben der Pfarrei, in: H. Rahner (Hg.), Die Pfarre, Freiburg i.Br., 67-74; N. Höslinger, Die liturgische Gemeinde St. Gertrud in Klosterneuburg, in: Ders. Th. Maas-Ewerd (Hg.), Mit sanfter Zähigkeit. Pius Parsch und die biblisch-liturgische Erneuerung, Klosterneuburg 1979, 177-185.

2. Kommunion unter einer Gestalt (16. Juli 1562)

Gut ein Jahrzehnt später, 1562, kam das eucharistische Thema abermals zur Sprache. Das Konzil hatte sich mit der Forderung nach dem Laienkelch und der namentlich von den Böhmischen Brüdern behaupteten Heilsnotwendigkeit der Säuglingskommunion auseinanderzusetzen.[9]

Das einschlägige, in der 21. Sessio verabschiedete Dekret und die „Canones de communione sub utraque specie et parvulorum" (DS 1731–1734) konzentrierten sich darauf, die damalige römische Praxis der Kommunion unter der alleinigen Gestalt des Brotes dogmatisch zu legitimieren und unter Berufung auf die Konkomitanzlehre die Notwendigkeit der Kelchkommunion für Laien und die „clerici non conficientes" zu bestreiten. Insbesondere wird auf die Vollmacht der Kirche verwiesen, die Gestalt der Sakramente den pastoralen Erfordernissen anzupassen und verbindlich festzulegen. Insofern wollte das Konzil denn auch eine zukünftige Gewährung des Laienkelchs für bestimmte Gegenden nicht grundsätzlich ausschließen (DS 1760).[10]

In der Frage der Säuglingskommunion war man klug genug, die in der Tat ursprünglichere und im christlichen Osten bis in die Gegenwart festgehaltene Praxis der Zulassung von getauften und gefirmten unmündigen Kindern zur Vollteilnahme an der Eucharistie als legitim anzuerkennen.[11] Schließlich gab es auch im Westen bis ins 16. Jahrhundert noch regional den Brauch der Taufkommunion kleiner Kinder unter der Gestalt des Weines.[12]

---

[9] Vgl. D.R. Holeton, La communion des tout-petits enfants. Etude du mouvement eucharistique en Bohème vers la fin du Moyen-Age (B.E.L. Subsidia 50), Rom 1989.

[10] Zur Kelchkommunion in der Geschichte vgl. Balth. Fischer, Die Kelchkommunion im Abendland. Eine historische Skizze, in: Liturgisches Jahrbuch 17 (1967) 18-32; zur Kelchfrage im Umkreis des Tridentinums vgl. Jungmann, MS (s. Anm. 5) II 478f.

[11] Vgl. die umfassende Darstellung von B. Kleinheyer, Sakramentliche Feiern I. Die Feier der Eingliederung in die Kirche (Gottesdienst der Kirche 7,1), Regensburg 1989, 56. 76f.; 85f.; 241-245; J. Hermans, Eucharistie feiern mit Kindern. Eine liturgiewissenschaftliche Studie, Kevelaer 1991.

[12] Vgl. P.-M. Gy, Die Taufkommunion der kleinen Kinder in der lateinischen Kirche, in: Zeichen des Glaubens. Studien zur Taufe und Firmung. (FS Balth. Fischer). Hg. von Hj. Auf der Maur / B. Kleinheyer, Zürich-Freiburg/Br. 1972, 485-491.

Lediglich die Heilsnotwendigkeit des Eucharistieempfangs wurde bestritten. Die Äußerungen auch dieses Dekrets und seiner Canones sind einseitig von der Sorge um die lehrmäßige Klärung der durch die reformatorische Kritik aufgeworfenen Fragen gekennzeichnet und ganz auf die Verteidigung des Status quo einer verkürzten Zeichenhaftigkeit beim usus sacramenti bedacht. Wir beobachten eine bedenkliche Fixierung auf das zur Gültigkeit unbedingt Notwendige. Die Wiedergewinnung der von den Reformatoren zu Recht angemahnten stiftungsgemäßen Vollgestalt des Sakramentes des Leibes und Blutes Christi war für das Tridentinum kein erstrebenswertes Ziel.

3. Die Lehre vom Meßopfer (17. September 1562)

Erst an dritter Stelle befaßte sich das Tridentinum mit der Eucharistie als Feier. Am 17. September 1562 wurden das Dekret und die Canones über das Meßopfer verabschiedet (DS 1751-1769) und die inhaltlich damit eng verbundenen Bestimmungen über dessen sachgerechte und andächtige Feier, das „Decretum de observandis et evitandis in celebratione Missae" angenommen. Vor allem in diesen beiden Dokumenten hat das Tridentinum „die lehrmäßigen Grundlagen und praktischen Leitlinien" für die vom Konzil nicht mehr selbst geleistete, dem Papst übertragene Reform des Römischen Meßbuchs gelegt.[13] Diese Grundlegung ist – wie nicht anders zu erwarten – geprägt von der damaligen Gottesdienstpraxis und Meßfrömmigkeit und hat sie, zwar gereinigt von offensichtlichen Auswüchsen, für die folgenden 400 Jahre zur Norm gemacht.[14] Die Zeitbedingtheit der tridentini-

[13] Vgl. H. Jedin, Das Konzil von Trient und die Reform des Römischen Meßbuchs, in: Liturgie und Leben 6 (1939) 30-66; Ders., Das Konzil von Trient und die Reform der liturgischen Bücher, in: Ders., Kirche des Glaubens – Kirche der Geschichte. Ausgewählte Aufsätze und Vorträge 2, Freiburg 1966, 499–525. Weitere Literaturangaben bei Meyer, Eucharistie (s.Anm. 4) 255f.

[14] In seiner letzten vor dem Zweiten Vatikanischen Konzil erschienenen Ausgabe (1962) ist das sog. Tridentinische Meßbuch unter bestimmten Bedingungen und mit Einschränkungen ein noch heute benutztes Liturgiebuch der römisch-katholischen Kirche; vgl. J. Lenssen, Der Tradition und Erneuerung der Meßfeier verpflichtet. Die bedingte Wiederzulassung des vorkonziliaren Meßritus vom 3. Oktober 1984 als pastorales Entge-

schen Eucharistieaussagen zeigt sich bereits in ihrer wenig sachgerechten, ja verkehrten Reihenfolge. Das Tridentinum spricht von der Eucharistie als Sakrament, bevor es von der Eucharistie als liturgischer Feier handelt. Das spätmittelalterliche, einseitig vom Gedanken der Realpräsenz geprägte Eucharistieverständnis suggerierte diese Reihenfolge. Heute heißt: von der Eucharistie sprechen, gottlob wieder zuerst und vor allem von ihrer Feier sprechen, die hinzielt auf die Kommunion der Gemeinde.[15]

II. Die „Elevatio sacramenti" als erlebnismäßiger Höhepunkt der Messe

Die Meßfrömmigkeit des Reformationszeitalters hatte den Erstzweck der Stiftung des Herrn, das Austeilen und Essen der Mahlgaben, weitgehend aus den Augen verloren. Spätmittelalterliche Eucharistiefrömmigkeit war in erster Linie Elevationsfrömmigkeit.[16] Der Gang der Feier interessierte nicht wirklich. Der alles überragende und überstrahlende Augenblick in der Messe war jener Moment, in dem der Priester nach dem Aussprechen der Wandlungsworte die konsekrierte Hostie zeigend emporhob und so die Gläubigen zur Anbetung des ge-

---

genkommen im Zuge des Ausgleichs zwischen Traditionswahrung und Reformgesetzgebung bei der Erneuerung der Meßliturgie, Würzburg 1988.

15 Der KKK überschreibt das Eucharistiekapitel genauso wie das Tridentinum sein Eucharistiedekret: Das Sakrament der Eucharistie. Doch während das Tridentinum unter diesem Titel vom Altarsakrament und seiner Verehrung handelt, spricht der KKK von Danksagung, Gedächtnis des Leidens und der Auferstehung Christi, vom Meßopfer, der Göttlichen Liturgie, von Brotbrechen und vom Herrenmahl, also von der Eucharistie-Feier, die wesentlich ausgerichtet ist auf das Austeilen und Empfangen der eucharistischen Speise. Die Eucharistie-Instruktion von 1967 (s. Anm. 1) mahnt (Nr. 50), man dürfe nie vergessen, daß die sakramentale Gegenwart des Herrn „aus dem Opfer hervorgeht und auf die sakramentale und geistliche Kommunion hinzielt."

16 Vgl. P. Browe, Die Verehrung der Eucharistie im Mittelalter, München 1933 (Nachdruck: Rom 1967), 26-69; H.B. Meyer, Die Elevation im deutschen Mittelalter und bei Luther, in: Zeitschrift für katholische Theologie 85 (1963) 162-217.

genwärtigen Herrn aufforderte. Die Feiergestalt der Messe war ganz auf diese an sich zweitrangige, dem ganzen ersten Jahrtausend unbekannte und dem christlichen Osten bis heute fremd gebliebene Gebärde ausgerichtet. Die „Elevatio sacramenti" wurde als augenfällige Demonstration des Wandlungswunders erlebt und mit Formen individueller und gemeinschaftlicher Sakramentsverehrung beantwortet. An das Anschauen der erhobenen Hostie knüpfte die Volksfrömmigkeit, wie Adolf Franz dies in seinem bekannten Standardwerk über die Messe im deutschen Mittelalter an vielen Beispielen gezeigt hat,[17] übertriebene, z.T. abergläubische Erwartungen.

Zwar mag die Feststellung von H.B. Meyer[18] zutreffen, daß die Elevationsfrömmigkeit zur Zeit des Tridentinums ihren Höhepunkt bereits überschritten hatte. Doch unübersehbar hat sie auch jenseits des Tridentinums die Gestalt der Messe nachhaltig geprägt.[19] Die ungesunde Fixierung auf den Moment der Konsekration, deren Vollzug die Elevation gleichsam öffentlich macht, erklärt viele der damals eingerissenen Zelebrationsmängel. So wurden vielfach von der Präfation nur der Einleitungsdialog und die ersten Worte gesungen, worauf sofort das Sanctus folgte, während der Priester still den Rest der Präfation „persolvierte".[20] Die Sanctus-Rufe und das Benedictus wurden verstanden als Begrüßung des im Augenblick der Wandlung erscheinenden Herrn. In dieser christologischen Deutung hätte der Gesang des Sanctus an sich seinen organischen Platz nach dem Aussprechen der Abendmahlsworte gehabt. Dort hat ihn denn auch Martin Luther in seine Meßordnungen eingeordnet mit dem Hinweis, während des Sanctus die Elevation zu vollziehen.[21] Mit „Rücksicht auf die Schwa-

---

17 Vgl. A. Franz, Die Messe im deutschen Mittelalter, Freiburg 1902 (Nachdruck: Darmstadt 1963) 100-105.

18 Vgl. Meyer, Elevation (s. Anm. 16) 273.

19 Vgl. A. Heinz, Die sonn- und feiertägliche Pfarrmesse im Landkapitel Bitburg-Kyllburg der alten Erzdiözese Trier (TThSt 34), Trier 1978, 342-352.

20 Das zur Zeit des Tridentinums tagenden Trierer Provenzialkonzil von 1549 wandte sich z.B. gegen den Mißstand, nur die Anfangsworte der Präfation zu singen und dann sofort in die Kanonstille einzutreten. Vgl. Heinz, Pfarrmesse 339–342.

21 Vgl. H.-Chr. Drömann, Das Abendmahl nach den Ordnungen Martin Luthers, in: I. Pahl (Hg), Coena Domini I. Die Abendmahlsliturgie der

chen" blieb sie zunächst auch in der lutherischen Messe noch erhalten: ein nicht zu übersehendes Indiz für den außerordentlichen Stellenwert des Ritus.

Den Konsekrationsmoment hob ferner die eigens entzündete Sanctus- oder Wandelkerze hervor. Vielerorts loderten Fackeln auf, die das erhobene Sakrament gut sichtbar machen sollten.[22] Die als Teil eines zusammenhängenden Gebets kaum noch erkannten Konsekrationsworte erscheinen im Spätmittelalter in den Missalehandschriften und -drucken durch Großbuchstaben herausgehoben. Mit übertriebener Sorgfalt werden sie von den Zelebranten artikuliert und von magisch anmutenden Gebärden begleitet. Das Zeigen des Sakraments wird ungebührlich lange ausgedehnt, im weiteren Verlauf der Messe wiederholt, durch Glockengeläut solemnisiert[23] und von gesungenen oder gesprochenen Sakramentsbegrüßungen begleitet. Hier haben die an sich großartigen, aber in das Eucharistiegebet nicht integrierten Hymnen wie das „Ave verum"[24] oder das „Adoro te devote"[25] ihren Sitz im Leben. Aber auch Bittgesänge wurden zur Zeit der Elevation angestimmt; die Realpräsenz des „Salvator mundi" schien in diesem Moment die beste Gewähr für ihre Erhörung zu bieten. Das Bestreben, die eigenen Bitten möglichst nahe an die Elevation heranzubringen, ließ apokryphe Präfationen entstehen, die sich in Bitten ergingen, wo Preisung hätte geschehen sollen; sie flehten z.B. um Schutz vor der Pest und anderen Plagen.[26]

Der Nachwandlungsteil der Messe verlief zwar in den rubrizistisch geordneten Bahnen, wurde tatsächlich aber als eine Art Sakraments-

---

Reformationskirchen im 16./17. Jahrhundert. Freiburg/Schweiz 1983, 25-47, hier 34f., 38f.

22 Vgl. Meyer, Elevation (s.Anm. 16) 264f.; Jungmann, MS (s. Anm. 5) II 176f.; Heinz, Pfarrmesse (s. Anm. 19) 345-348.

23 Vgl. Meyer, Elevation (s. Anm. 16) 263f.; das Missale Romanum 1570 schrieb ein Schellenzeichen vor: Ritus servandus VIII, 6.

24 Vgl. A. Heinz, Art. Ave verum corpus, in: LThK I (Freiburg u.a. 1993) 1307.

25 Vgl. A. Heinz, Art. Adoro te devote, in: LThK I (Freiburg u.a. 1993) 169.

26 Ein entsprechendes Beispiel hat H. Reifenberg vorgestellt: Präfation als Dank und Bitte? Gesichtspunkte einer mittelalterlichen „Rochuspräfation", in: A. Heinz / H.Rennings (Hg.), Gratias agamus, Studien zum eucharistischen Hochgebet. FS Balth. Fischer, Freiburg-Basel-Wien 1992, 399-405.

andacht erlebt. Die Augenkommunion ersetzte die sakramentale Kommunion. Deshalb das unwiderstehliche Bedürfnis nach der Unform der Messe vor ausgesetztem Allerheiligsten.[27] In ihr wurde der Augenblick der Elevation gleichsam über die ganze Feier ausgedehnt. Eine Kommunionausteilung an die Gläubigen fand in der Regel nicht mehr statt. Es genügte, wie das Tridentinum erklärte, wenn allein der Priester als „publicus ecclesiae minister" kommunizierte (DS 1747, 1758). Die von Rom zwar nie sanktionierte, aber diesseits der Alpen in nachtridentinischer Zeit äußerst beliebte Messe „coram sacramento exposito" läßt überdeutlich erkennen, daß es dem Tridentinum nicht gelungen ist, „die Trennung von ‚Sakrament' und ‚Opfer'-feier zu überwinden und den inneren Zusammenhang zwischen dieser und dem Genuß der eucharistischen Speise zu klären."[28]

III. Reformbedürftigkeit der Praxis der Meßfeier

Gelungen ist der nachtridentinischen Reform die Beseitigung grober Mißbräuche. Die Mängelliste, die die zur Vorbereitung des Meßdekrets eingesetzte siebenköpfige Arbeitsgruppe im Sommer 1562 zusammengestellt hat und aus der schließlich das Dekret „über das, was bei der Meßfeier zu beachten und zu vermeiden ist", hervorgegangen ist, vermittelt einen Eindruck von der Reformbedürftigkeit der damaligen Meßpraxis.[29]

---

27 Vgl. E.J. Lengeling, Aussetzung des Allerheiligsten, in: Unser Gottesdienst. Hg. von A. Kirchgässner, Freiburg-Basel-Wien 2 1960, 178-190; Heinz, Pfarrmesse (s. Anm. 19) 432-440.

28 Meyer, Eucharistie (s. Anm. 4) 250.

29 Über die Zusammensetzung der Arbeitsgruppe unter dem Vorsitz des Erzbischofs von Ragusa (Dubrovnik), Ludovico Beccadelli vgl. Concilium Tridentinum. Diariorum, Actorum, Epistolarum, Tractatuum Nova Collectio. Edidit Societas Goerresiana, Friburgi Brisg. 1919, VIII 721 (CT 8, 721). Die Zusammenstellung der zeitgenössischen Mißstände bei der Meßfeier: CT 8, 921-924; einen Nachdruck bietet H. Schmidt SJ., Introductio in Liturgiam occidentalem, Rom u.a. 1960, 370-377; zum Vorgang vgl. Meyer, Eucharistie (s. Anm. 4) 259-261.

Der vom Konzil schließlich angenommene Text[30] verzichtet darauf, die Mißstände im einzelnen aufzuzählen. Das Dekret spricht summarisch von drei Grundübeln: Geldgier (avaritia), Mangel an Ehrfurcht (irreverentia) und Aberglaube (superstitio).

1. Avaritia

Die spätmittelalterliche Meßpraxis ließ den Eindruck der Käuflichkeit der Messe aufkommen. Priester zelebrierten mehrmals am Tag, um ihr Einkommen zu steigern.

Andere hatten keine Skrupel, für mehrere Stipendien nur eine Messe zu feiern. Klöster nahmen Stipendien an, ohne die damit eingegangene Zelebrationspflicht zu erfüllen. In diesen Kontext gehört die mißbräuchliche Praxis der Missa bi- oder trifaciata, bei der der Lesegottesdienst mehrerer Votiv-Messen hintereinandergeschachtelt und für alle zusammen einmal der eucharistische Teil angeschlossen wurde.[31] Die „Missa sicca" blieb zwar im Dekret selbst unerwähnt, weil sie in der Aula Fürsprecher gefunden hatte.[32] Aber die vorbereitende Kommission hatte sie als abusus abgelehnt. Es handelte sich dabei um eine Schein-Messe, weil ohne Kanon, in der die Zeigung der Eucharistie die sakramentale Kommunion ersetzte. Die Missa sicca war, da vom Tridentinum nicht ausdrücklich verboten, in nachtridentinischer Zeit in manchen Regionen Deutschlands eine tolerierte oder gar empfohlene Ersatzform für die wegen des Binationsverbots nicht mögliche zweite Eucharistiefeier an Sonn- und Feiertagen in ausgedehnten Landpfarreien, und damit in gewissem Sinn eine Vorform des heutigen, ebenfalls eucharistietheologisch nicht unbedenklichen, priesterlosen Wortgottesdienstes mit Kommunionfeier.[33]

---

30 CT 8, 962 f.; Schmidt, Introductio (s. Anm. 29) 380 f. Eine kommentierte Zusammenfassung bei Meyer, Eucharistie (s. Anm. 4) 260 f.

31 Vgl. Franz, Die Messe (s. Anm. 17) 84-86

32 Vgl. ebd. 77-84; J. Pinsk, Die Missa Sicca, in: Jahrbuch für Liturgiewissenschaft 4 (1924) 90-118.

33 Vgl. A. Heinz, Ersatzgottesdienste für die Sonntagsmesse. Beispiele aus der Geschichte zu einer aktuellen Problematik, in: Trierer Theologische Zeitschrift 86 (1977) 11-24.

Um dem verkehrten Eindruck entgegenzuwirken, daß es sich bei der Messe um ein käufliches gutes Werk handelt, dessen Wirksamkeit sich durch Wiederholung steigern läßt, und um jeden Anschein von Geschäftemacherei mit der Messe zu beseitigen, hatten viele Väter des Tridentinums ernsthaft an die Abschaffung des Meßstipendiums gedacht und nur freiwillig angebotene Almosen gestatten wollen.[34] Das Dekret hat dann aber am Meßstipendium als Beitrag zum Lebensunterhalt des Klerus festgehalten und lediglich übertriebene Forderungen untersagt, namentlich die offenbar maßlos überbezahlten Primizmessen, an denen auch der Bischof mitverdiente.[35] Die Entwürfe der vorbereitenden Kommission lassen das generelle Bemühen erkennen, die Häufigkeit der Meßfeier einzudämmen, die Einzelzelebration zu unterbinden, insofern die Anwesenheit wenigstens zweier Gläubiger verlangt wird. Das Dekret „de ss. Missae sacrificio“ selbst hat dann aber doch diese Forderung nach einem Minimum von erfahrbarer Gemeinschaft nicht rezipiert. Es hat sich darauf beschränkt, die Legitimität der Einzelzelebration gegen protestantische Einwände zu verteidigen, wobei der grundsätzlich ekklesiale Charakter auch der sogar empfohlenen „Privatmesse“ betont wurde (DS 1747). Ungemein bedeutsamer als die erwähnten Einzelreformen war aber die dogmatische Klarstellung, daß die vielen Messen nur das eine, ein für alle Mal vollbrachte und vollgenügsame Kreuzesopfer Christi repräsentieren, sakramental vergegenwärtigen und fruchtbar werden lassen (DS 1740).[36]

---

34 Vgl. Meyer, Eucharistie (s. Anm. 4) 261; Franz, Messe (s. Anm. 17) 316 f.

35 Der einschlägige Passus in der Aufzählung der Abusus Missae lautet (Schmidt, Introductio 373):

„Item abusus videtur, quod in celebratione novarum missarum fiant conviviae sumptuosae et tripudia et alia, ex quibus saepe magna proveniunt scandala.

Item in aliquibus locis magnus videtur abusus, quod qui primitias seu novas missas celebrant, certam summam pecuniarum persolvant aut ordinario aut capitulo.“

36 Vgl. K. Rahner / A. Häußling, Die vielen Messen und das eine Opfer (QD 31), Freiburg 1966.

2. Irreverentia

Die von der vorbereitenden Kommission zusammengestellten „Abusus missae“[37] klagen über den verbreiteten Mangel an Ehrfurcht bei der Meßfeier. Notorisch unwürdige Priester traten ohne vorherige Beichte an den Altar. Man konnte Zelebranten beobachten, die, während sie das Confiteor murmelten, nach dem passenden Meßformular blätterten. Während manche die Meßfeier als private Frömmigkeitsübung betrachteten und durch endlose Stillgebete und Meditationen ungebührlich in die Länge zogen, hatte man bei den meisten den Eindruck, sie seien darauf aus, möglichst schnell wieder vom Altar wegzukommen. Unartikuliertes Herunterplappern der Meßtexte wird beanstandet. Manche machten die vielen Kreuzzeichen im Kanon so routiniert und gedankenlos, daß die Umstehenden über ihre Gestikulationen nur lachen konnten. Verbreitet war die Unsitte, die Elevationen zu vermehren. Wie sollte die Messe würdig gefeiert werden, wenn im gleichen Gottesdienstraum gleichzeitig mehrere Messen stattfanden? Dabei bediente nicht selten ein Ministrant mehrere Zelebranten gleichzeitig. Der Würde der Feier zuwider war weltliche Musik (die Akten sprechen von Jagdmusik). Gerügt wird das geschäftige Treiben, laute Schwätzen und Herumlaufen im Kirchenraum zur Zeit der Messe. Erwartet wurde von den Gläubigen, daß sie aufmerksam die Meßzeremonien verfolgten, die sie zur Betrachtung der göttlichen Dinge anregen sollten. Die allegorische Meßerklärung deutete sie ihnen als Hinweise auf die Hauptstationen der Heilsgeschichte, namentlich auf die Ereignisse der Leidensgeschichte. Von der Wandlung bis zur Kommunion des Priesters sollten die Anwesenden kniend die Passion Christi betrachten.[38] Im übrigen waren die Gläubigen hinter der Messe des Priesters, ihren Segen erwartend, aber nicht aktiv an ihrem Vollzug beteiligt.

---

[37] Vgl. CT 8, 916-921; Schmidt, Introductio (s. Anm. 29) 372 ff.; Meyer, Eucharistie (s. Anm. 4) 260 f.

[38] So etwa die Anweisung der zur Zeit des Tridentinums gefeierten Trierer Provinzialsynode; vgl. Heinz, Pfarrmesse (s. Anm.) 360; so auch die Synoden von Köln (1536) und Augsburg (1548): Hartzheim, Concilia Germaniae, 11 Bde, Köln 1749-1790, hier VI 255, 369.

3. Superstitio

Wenn das Tridentinum von Aberglauben im Bereich der Messe spricht, hat man in erster Linie an willkürlich eingeführte, apokryphe Meßformulare zu denken, denen die unerleuchtete Volksfrömmigkeit eine unfehlbare Wirkung zuschrieb.[39] Eine solche erwartete man auch, von Messen, die mit einer bestimmten Anzahl Kerzen gefeiert wurden.[40] Die Apostelmesse verlangte 12, die Heilig-Geist-Messe 7, die Engel-Messe 9 Kerzen. Bestimmte Messen waren für bestimmte, vornehmlich weltliche Zwecke gut: für Erfolg im Handel, eine glückliche Reise, Bewahrung vor Krankheit und Unglück.

Als suspekt beanstandet das Konzil die beliebten Meßserien.[41] Man ließ für einen Verstorbenen oder in einem bestimmten Anliegen eine bestimmte Anzahl von Messen (bis zu 40 und mehr) in einer ununterbrochenen Reihenfolge lesen, wobei entweder immer das gleiche Formular zu nehmen war, oder eine bestimmte Kombination von Votivmeßformularen beachtet werden mußte. Daran knüpfte sich die abergläubische Erwartung sicherer Wirkung. Solche Praktiken provozierten verständlicherweise den Vorwurf der „Werkerei" und brachten den Begriff „ex opere operato" in Verruf. Allzu bereitwillig kamen die Priester den Erwartungen der Gläubigen entgegen, wenn sie anstelle der vorgeschriebenen Sonn- und Feiertagsmesse eine Totenmesse, eine Votivmesse oder eine Messe zu Ehren eines beliebten Helfersheiligen feierten. Die Unsitte der Verzweckung der Sonn-

---

[39] CT 8, 916 f.; Schmidt, Introductio (s. Anm. 29) 372:
„Item abusus videtur, quod certae missae votivae celebrentur cum certo et determinato numero candelarum, ut S. Sophiae missa, quae ad superstitionem magis pertinere videtur. Et hic considerandum, quid statui debeat de missis S. Gregorii, S. Amatorii, de missis gratiarum, rosarii, B. Mariae de succursu et aliis huiusmodi non multo ante in usum introductis."
Zu den „Gregorianischen" und anderen Meßreihen vgl. Franz, Messe (s. Anm. 17) 246– 291.

[40] Vgl. Franz, Messe (s. Anm. 17) 271 f.

[41] Zum „Decretum de observandis et evitandis in celebratione missarum" der Sessio 22 heißt es (Schmidt, Introductio 381):"Quarundam vero missarum et candelarum certum numerum, qui magis a superstitioso cultu quam a vera religione inventus est, omnino ab ecclesia removeant ..."; vgl. auch oben Anm. 39.

tagsfeier für partikuläre Interessen ist der eigentliche Grund, weshalb das Tridentinum unter der Rubrik „Aberglauben" eine Empfehlung zum Besuch der sonn- und feiertäglichen Pfarrmesse gibt[42] und für die Respektierung der liturgischen Ordnung eintritt: Die pfarrliche Feier des Herrentages sollte nicht durch Sonderintentionen besetzt und durch Heiligengedächtnisse überlagert werden. Als Bestandteil der sonntäglichen Pfarrmesse wird erfreulicherweise die Predigt erwähnt, die der Pfarrer auch nutzen sollte, um dem Volk den eigentlichen Sinn und die Texte der Meßfeier zu erschließen.[43]

Daß der Wortgottesdienst der Messe im übrigen in den Äußerungen des Tridentinums unbeachtet blieb, spiegelt ebenfalls die damalige defiziente Praxis wieder. Sie wurde durch die nachtridentinische Meßreform wegen deren eucharistischer Engführung und ihrem Festhalten an der lateinischen Kultsprache (DS 1759) nicht wirklich korrigiert. Tatsächlich haben wir erst im Zuge der nachvatikanischen Meßreform durch das Missale Romanum Pauls VI. (1970/1975; deutsch: 1975/1988) die sachgerechte, zweipolige Feiergestalt der Messe wiedergewonnen, die sie als „einen einzigen Kultakt", der aus den beiden eng verbundenen Teilen Wortgottesdienst und Eucharistiefeier besteht (vgl. SC 56), erfahrbar macht.

IV. Liturgia semper reformanda

Inwieweit die Wiederherstellung der Messe nach dem überzeitlich gültigen Muster der frühen Kirche (SC 50), die von der Liturgiereform des Zweiten Vatikanischen Konzils intendiert war und wohl auch grundsätzlich erreicht worden ist, in der tatsächlichen Gottesdienstpraxis bereits verwirklicht ist, steht freilich auf einem anderen Blatt. Zu fragen ist z.B.:

– Warum wird noch immer in so vielen Gemeinden die eucharistische Speise dem Tabernakel entnommen, wenn die Gläubigen in großer Zahl kommunizieren? Die Liturgiekonstitution (SC 55) und das

---

42 Vgl. Schmidt, Introductio (s. Anm. 29) 381.

43 Vgl. Sessio XXII, Decretum de ss. Missae sacrificio, Cap. 8 (DS 1749). Freilich hat erst das Zweite Vaticanum unmißverständlich die Predigt als „pars ipsius liturgiae" herausgestellt; vgl. SC 52.

Meßbuch[44] erwarten, daß den an der Messe Teilnehmenden die Kommunion aus der Feier selbst gereicht wird, daß alle Kommunikanten durch ihre „Teilnahme am Altar den heiligen Leib und das Blut" des Sohnes Gottes empfangen (vgl. 1. Hochgebet). In diesem Punkt wirkt noch immer hartnäckig die unselige Trennung zwischen Sakrament und Opferfeier in der tridentinischen Eucharistielehre nach.

– Warum ist die Kommunion unter beiden Gestalten – obwohl liturgierechtlich mittlerweile in jeder Gemeindemesse möglich – so wenigen Gemeinden ein echtes Anliegen? Warum hat die Kelchkommunion der Laien – trotz des offiziellen Abschieds von den Verboten der nachtridentinischen Zeit – hierzulande noch immer einen zweifelhaften Seltenheitswert?[45]

– Ist unser Stipendienwesen, dem die tridentinische Reform eine kritische Aufmerksamkeit geschenkt hatte, gegen Mißverständnisse hinreichend abgeschirmt? Es fällt schwer einzusehen, weshalb eine römische Behörde 1991 erlaubt hat, was das Tridentinum als Mißbrauch strikt abgelehnt hatte: Der Priester darf mit gewissen Einschränkungen für eine Meßfeier unbegrenzt viele Stipendien nehmen; „plurintentionale Messe" heißt diese Neuerung. Gottlob bleibt es in Deutschland nach dem Willen der Bischöfe vorerst bei dem herkömmlichen Grundsatz: „quot stipendia tot missae".[46] Vermeidet die von Rom legalisierte neuartige Praxis tatsächlich, wie es das kirchliche Gesetzbuch fordert (CIC c. 947), jeden Anschein von Geschäftemacherei?

– Stimmt die Eucharistietheologie hinsichtlich des von Laien geleiteten sonn- und feiertäglichen Wortgottesdienstes mit Kommunion-

---

44 Vgl. AEM 56h.

45 Zur grundsätzlichen Möglichkeit der Kelchkommuinion in allen Meßfeiern vgl. AEM 242; vgl. R. Kaczynski, Formen des Kommunionempfangs, in: R. Meßner u.a. (Hg.), Bewahren und Erneuern. Studien zur Meßliturgie. FS H.B. Meyer SJ zum 70. Geburtstag, Innsbruck-Wien 1995, 318-335, hier 330-332

46 Der entsprechende Beschluß der Deutschen Bischofskonferenz vom September 1992, wodurch das Dekret der Kongregation für den Klerus vom 22.2.1991 für den Bereich der DBK nicht in Kraft gesetzt wurde, wurde in den Amtsblätten der deutschen Diözesen veröffentlicht; vgl. etwa Kirchliches Amtsblatt für das Bistum Trier vom 15. März 1993, Nr. 65.

feier, der von vielen als Ersatz für die Sonntagsmesse doch wohl zu unbesehen akzeptiert wird? Haben wir es hier nicht in gewissem Sinn mit einer Neuauflage der vom Tridentinum als Abusus bewerteten „Missa sicca" zu tun?

– Schließlich: Verzweckung der Eucharistiefeier, die zur Zeit des Tridentinums zu beklagen war – gibt es sie nicht auch heute wieder? Die Flut der Zwecksonntage und die Vorliebe für ideologisch überfrachtete „Thematische Gottesdienste" sind Indizien für Fehlformen in der Gottesdienstpraxis unserer Zeit.

Die Sorge um eine sachgerechte und menschengerechte Gestalt der Feier, die das Zweite Vatikanische Konzil in einer glücklichen Formulierung „Höhepunkt" und „Kraftquelle" des Lebens der Kirche (SC 10) genannt hat, ist jeder Generation aufgegeben. Dafür, daß eine solche gelingt, hat die jüngste Meßreform entschieden günstigere Voraussetzungen geschaffen als die tridentinische Reform sie zu ihrer Zeit schaffen konnte.

Franz Kohlschein

Die Aussagen des *Katechismus der Katholischen Kirche* zur liturgischen Feier der Eucharistie im Vergleich mit der Gestaltbeschreibung im Meßbuch

1. Vorbemerkungen zum Thema

Die Gestalt der Liturgie – und speziell der Eucharistiefeier – ist außerordentlich bedeutsam. Sie stellt die verbale und nonverbale Form dar, in welcher die versammelte Gemeinde unter Leitung ihres Vorstehers das österliche Mysterium feiert. Der konkreten Feier-Gestalt der jeweiligen Gemeindemesse liegt der „Idealtyp" der römisch-lateinischen Tradition zugrunde, wie er in den authentischen liturgischen Büchern beschrieben ist.

Die Prinzipien für die Realisierung der Gestalt der Messe sind vom Zweiten Vatikanischen Konzil neu formuliert und – zum ersten Mal in der Liturgiegeschichte – in einer theologisch-pastoralen „Einleitung" zum Meßbuch ausformuliert und zugänglich gemacht worden.[1] Ihre Umsetzung in die verbindliche Gestaltbeschreibung findet sich in den anhand der lateinischen Normausgaben herausgegebenen und der ortskirchlichen Situation angepaßten deutschsprachigen Liturgiebüchern, dem Deutschen Meßbuch in der 2. Auflage von 1988 mit seinen Ergänzungen[2], dem Lektionar bzw. Evangeliar und dem Gesang- und Gebetbuch „Gotteslob" mit seinen Diözesan-Anhängen.

> Es ist sehr zu begrüßen, daß die Gestalt der Eucharistie im „Katechismus der Katholischen Kirche" behandelt wird. Wieweit dies in früheren Katechismen der Fall gewesen ist, kann hier nicht näher untersucht werden. Im „Römischen Katechismus" (Catechismus ad

---

1 „Allgemeine Einleitung", Meßbuch (AEM).

2 Direktorium für Kindermessen, Richtlinien für Gruppenmessen, zusätzliche Hochgebete.

> Parochos, Catechismus Romanus) von 1567 wurde die Gestalt der Messe nicht behandelt.[3] Dies wurde damit begründet, daß das „Opfer“ zwar „viele und sehr herrliche und feierliche Gebräuche (ritus)“ habe, dies aber mit Rücksicht auf den Umfang des Themas und wegen der „zahllosen frommen Schriftchen und Abhandlungen“ nicht behandelt werden könne.[4]

Im Katechismus „Glaubensverkündigung für Erwachsene“, der 1968 von den holländischen Bischöfen herausgegeben wurde, nimmt neben dem „liturgischen Dienst des Wortes“ der „Aufbau der Feier der Eucharistie“ etwas mehr als eine Seite ein, an die sich eine Erörterung der „Grundgestalt“ und ihrer Elemente anschließt.[5]

Der „Katholische Erwachsenen-Katechismus“ von 1985 widmet dem Thema „Struktur, Elemente und Teile der Eucharistiefeier“ eineinhalb Seiten im Kleindruck.[6] Der „Katechismus der Katholischen Kirche“ hat so bereits Vorläufer bei der Darstellung der Gestalt der Eucharistie.

2. Zum Katechismusabschnitt „Die liturgische Feier der Eucharistie“

Der Abschnitt „Die liturgische Feier der Eucharistie“ im Katechismus ist in die zwei Teile „Die Messe aller Jahrhunderte“ und „Der Ablauf der Feier“ gegliedert.[7]

---

3 Zur Geschichte des Katechismus vgl. Gerhard J. Bellinger, Art. Katechismus II. Römisch-Katholische Kirche, in: TRE 17, 1988, 729-736; Ulrich Ruh, Der Weltkatechismus. Anspruch und Grenzen, Freiburg 1993, 25-32.

4 Der römische Katechismus nach dem Beschlusse des Konzils von Trient für die Pfarrer auf Befehl des Papstes Pius V., 2 Bde., Regensburg u.a. ^{4}1905, hier 1, 206.

5 Glaubensverkündigung für Erwachsene. Deutsche Ausgabe des Holländischen Katechismus, Utrecht 1968 (weitere Auflagen), 372-386. Dazu Ruh (s. Anm. 3) 38-40.

6 Katholischer Erwachsenen-Katechismus. Das Glaubensbekenntnis der Kirche, Hgg. von der Deutschen Bischofskonferenz, Kevelaer u.a. ^{2}1985, 362f.

7 Der „Katechismus der Katholischen Kirche“ (zitiert: KKK) in der deutschen Ausgabe (München 1993) 1345-1355: 1. Teil 1345-1347, 3 Nummern; 2. Teil 1348-1355, 8 Nummern. Entsprechend dem Charakter des diesem Artikel zugrundeliegenden Referates wurden anderssprachige

2.1 Zum Abschnitt „Die Messe aller Jahrhunderte"

Der erste Teil „Die Messe aller Jahrhunderte" will einen Abriß der Geschichte der Eucharistie vermitteln. Die Formulierung der Überschrift ist problematisch, da anstelle des relativ späten Begriffs „Messe" – im Blick auf „alle Jahrhunderte" – aus historischen Gründen die Bezeichnung „Eucharistiefeier" vorzuziehen ist.

Die Vorstellung der Grundstruktur mit dem langen Justin-Zitat (1345) ist zu begrüssen, doch wird die wichtige Phase der Entwicklung der Feierelemente von der Stiftung bis zum 2. Jahrhundert übersprungen! Ein doch notwendiger Kommentar zum Zitat fehlt.[8] Daß die „Grundstruktur" durch „alle Jahrhunderte gleich geblieben ist", trifft nur bedingt zu. Zur Feststellung, daß die „Grundstruktur" eine Einheit aus „zwei großen Teilen" bildet, sei auf die „Allgemeine Einleitung" im Meßbuch verwiesen, die vorsichtiger „in gewisser Hinsicht" sagt und auch „Eröffnung" und „Abschluß" erwähnt, die zum Verständnis der Struktur wichtig sind.[9]

Merkwürdig ist, daß ohne Übergang der Begriff „Zusammenkunft" der Nennung des Wortgottesdienstes vorangestellt wird (1364). Die AEM gliedert richtiger in „Versammlung" und „Teile".[10] Die unkommentierte Voranstellung von „Zusammenkunft" entspricht nicht der Bedeutung des Vorgangs! Im Teil „Wortgottesdienst" fehlen in der Aufzählung die wichtigen „Antwortgesänge".[11]

Im Teil „Eucharistiefeier" werden 1) „Darbringung von Brot und Wein", 2) „Konsekration in der Danksagung" und 3) „Kommunion" aufgezählt. Das Meßbuch spricht von „Gabenbereitung", ein Ausdruck, der im römischen Missale fehlt, tatsächlich besser der Handlung entspricht und deshalb wichtig ist. Weiter gebraucht das Meßbuch den Begriff „Eucharistisches Hochgebet" als Wiedergabe von „Prex eucharistica". Mit der Wortwahl „Konsekration" wird ein

---

Fassungen des KKK nicht berücksichtigt und Aussagen außerhalb der oben genannten Nummern nur ausnahmsweise hinzugezogen.

[8] Zu den Schwächen des KKK im geschichtlichen Bereich vgl. Ruh 90 (s. Anm. 3).

[9] „Allgemeine Einleitung" (abgekürzt: AEM) im Deutschen Meßbuch (abgekürzt: DM) 8.

[10] AEM 7; vgl. unten.

[11] AEM 36-40 und unten.

traditionell auf die „Wandlung“ festgelegter Begriff verwendet, der nicht das heutige Verständnis von Hochgebet wiedergibt.[12]

Das der Liturgiekonstitution entnommene Zitat „ein einziger Kultakt“[13] entspricht nicht dem theologisch gut begründeten Sprachgebrauch, wonach „Kult“ durch „Liturgie“ wiederzugeben ist. Eine bessere Umschreibung der Einheit der beiden Elemente gibt die „Pastorale Einführung in das Meßlektionar“, wenn sie von „einem einzigen gottesdienstlichen Akt“ spricht, in dem das Wort darauf abzielt, „zur Eucharistie hinzuführen“.[14] Merkwürdig ist die abschließende Frage „Entspricht das nicht ...?“ (1347). Soll der Leser die Frage beantworten?

Insgesamt ist die Intention, einen geschichtlich orientierten Aufriß in den Katechismus einzufügen, sehr zu begrüßen. Doch ist die Akzentuierung und Auswahl der Texte unzureichend, vor allem aber sind die Formulierungen an verschiedenen Stellen fragwürdig und entsprechen nicht dem heutigen Sprachgebrauch.

2.2. Zum Abschnitt „Der Ablauf der Feier“

Mit dem Abschnitt „Ablauf der Feier“[15] wird der Verlauf der Messe in ihren verschiedenen Elementen und Phasen in fünffacher Unterteilung beschrieben: 1) die Versammlung; 2) der Wortgottesdienst; 3) die „Gabenbereitung (Offertorium)“ mit „Kollekte“; 4) die „Anaphora“; 5) die „Kommunion“. Leider kann diese Einteilung – und dementsprechend die Gewichtung der genannten Elemente – aus dem Sperrdruck und der Numerierung nur ungenau erschlossen werden.[16] Die gewählte Gliederung entspricht nur zum Teil der Struktur der Messe und verunklärt den Aufbau der Feier.

Es fällt auf, daß der Begriff „Eröffnung“ des Meßbuchs nicht erscheint. Die Ablaufbeschreibung beginnt „Alle kommen zusammen.

---

[12] S. unten. Hier wie an anderen Stellen kann die deutsche Ausgabe des KKK nicht an anderssprachigen Ausgaben überprüft werden.

[13] SC 56. Die Übersetzung mit „Kult“ ist fragwürdig.

[14] Pastorale Einführung in das Meßlektionar 10 (abgekürzt: PEL).

[15] KKK 1348-1355.

[16] Manche Nummern beginnen mit einem Stichwort, andere fangen mit einem Satz an. Dabei entspricht die Numerierung nicht der Struktur und Bedeutung der Inhalte.

Die Christen kommen zur eucharistischen Versammlung zusammen. An ihrer Spitze steht Christus selbst; er ist der Haupthandelnde" (1348). Die AEM sagt unter der Überschrift „Grundstruktur": „In der Messe ... wird das Volk Gottes zu einer Gemeinschaft unter dem Vorsitz des Priesters, der Christus repräsentiert, zusammengerufen".[17] Der Ordo missae, die Ordnung der Meßfeier, beginnt: „Die Gemeinde versammelt sich, Darauf tritt der Priester an den Altar."[18] Im KKK wird die im Meßbuch vorhandene Dramaturgie, die Konstituierung der Feiergemeinde durch die Versammlung und den Vorsteher, zugunsten der theologischen Sicht zurückgenommen. Die Funktion des Vorstehens wird in dreifacher Nennung direkt Christus zugeschrieben, während die anthropologische Ebene, die sich im Ablauf darstellt, in den Hintergrund rückt. Dieser „theologische Kurzschluß" wird der empirischen Dimension nicht gerecht.

Die nachfolgende Beschreibung der Handlungsträger beginnt mit dem Bischof oder Priester und reiht das Volk an die letzte Stelle nach den anderen Diensten ein, wobei das „Amen" als seine typische Beteiligung gesehen wird. Diese Darstellung wird weder den Aussagen des Konzils noch denen des Meßbuchs gerecht, das die Messe als „Werk Christi und des hierarchisch gegliederten Volkes Gottes" beschreibt.[19]

Im zweiten Abschnitt geht es um den „Wortgottesdienst".[20] Die Beschreibung ist unvollständig. Daß es eine Dramaturgie des Aufbaus gibt, bei der die Verkündigung des Evangeliums als „Höhepunkt"[21] liturgisch gestaltet wird, kommt nicht zum Ausdruck. Die Antwortgesänge fehlen entgegen der klaren Aussage des Meßbuchs: „Der Kern des Wortgottesdienstes besteht aus den Schriftlesungen und Zwischengesängen".[22] Auch das Glaubensbekenntnis wird nicht erwähnt. Die Homilie wird mit Recht hervorgehoben, doch hätte der „mystagogi-

---

17 AEM 7.

18 DM 323.

19 AEM, Vorwort 1. Vgl. Franz Kohlschein, Bewußte, tätige und fruchtbringende Teilnahme. In: Lebt unser Gottesdienst? Die bleibende Aufgabe der Liturgiereform. Hrsg. v. Theodor Maas-Ewerd, Freiburg 1988, 38-62.

20 KKK 1349.

21 AEL 13 (s. Anm. 14).

22 AEM 33.

sche“ Bezug auf das anschließend gefeierte eucharistische Mysterium eine Erwähnung verdient.

Es fehlt die Nennung des Hauptteils „Eucharistiefeier“. Statt dessen beginnt die Erklärung unvermittelt mit dem Begriff „Gabenbereitung“ (1350), der im ersten Hauptteil vermißt wurde.[23] Das „Offertorium“ wird – ohne Erklärung – genannt. Als Rollenträger wären statt des anonymen „man“ besser die vom Meßbuch gewünschten Vertreter der Gemeinde benannt worden. Die Bereitung des Altares, die zur Markierung des neuen Handlungsschritts wichtig ist[24], wird nicht erwähnt. In der Beschreibung stehen der Opferaspekt und das Handeln des Priesters im Vordergrund. Die in der Liturgiekonstitution ausdrücklich erwähnte Darbringung durch Volk und Priester wird einseitig dem Priester zugeschrieben.[25] Statt einer präzisen Erklärung des Ablaufs der Handlung wird Wert auf dogmatische Erklärungen gelegt. Der Vergleich mit der AEM macht die Defizite deutlich.[26] Daß in einem eigenen Punkt (1351) die Kollekte diakonisch begründet wird, wie es auch das Meßbch tut[27], ist begrüßenswert, doch hätte der Zusammenhang noch besser verdeutlicht werden können.

Warum mit dem im deutschen Sprachgebiet nicht üblichen Stichwort „Anaphora“ (1352) die Beschreibung weitergeht, ist unverständlich. Soll dieser Name anstelle des deutschen Begriffs „Hochgebet“ eingeführt werden? Doch setzt „Anaphora“ mit seiner Grundbedeutung „Erhebung der Gaben“ – und übertragen auch „Erhebung der Herzen“ – einen anderen Akzent. Im deutschen „Hochgebet“ steht wie in der lateinischen „prex eucharistica“ der Lobpreis (beraka) im Vordergrund. Nach der AEM ist die „prex eucharistica“ auch „prex gratiarum actionis“ oder „Gebet der Danksagung“, was der KKK übernimmt, und „prex sanctificationis“ oder „Gebet der Heiligung“.[28] Sehr problematisch ist der Begriff „Konsekrationsgebet“, dessen Bedeutung offen bleibt. Soll die ostkirchliche Auffassung vom konsekratorischen Charakter des gesamten Hochgebets aufgenommen

---

[23] S. oben.
[24] AEM 49.
[25] SC 48. Die Sicht des KKK findet sich auch im Kirchenrecht Can 899 1.
[26] AEM 49-53.
[27] AEM 49.
[28] AEM 54.

werden? Oder wird, abweichend vom Missale und entgegen dem heutigen Verständnis, der Hochgebetsteil „narratio institutionis et consecrationis – Einsetzungsbericht (Konsekration!)“ als pars pro toto auf das gesamte Hochgebet übertragen?[29] Es ist in jedem Fall unverständlich, wie man das Wort im deutschen Text so stehen lassen kann!

Der Nachteil der fehlenden Gesamtüberschrift über dem zweiten Hauptteil[30] zeigt sich, wenn vom „Höhepunkt der Feier“ im „Hochgebet“ die Rede ist, die Kommunionhandlung aber, die zum Höhepunkt gehört, getrennt erst später genannt wird.[31]

Bei der grundsätzlich begrüßenswerten Beschreibung der Elemente des Hochgebets (1352-1354) ist die Numerierung ohne Rücksicht auf die Einzelteile durchgeführt und wirkt daher verwirrend. Die AEM formuliert glücklicher, wenn sie sagt, daß die Danksagung „den stärksten Ausdruck“ in der Präfation findet.[32] Das ganze Hochgebet ist ja Danksagung.

Bei der Epiklese (1353) werden – anders als in der AEM[33] – ausdrücklich der Heilige Geist und die „Communio“ der Gläubigen genannt, eine wertvolle Verdeutlichung. Liturgiewissenschaftlich interessant, doch für Nichttheologen unverständlich, ist der Hinweis auf das Vorkommen der Epiklese nach der Anamnese.

Der Kommentar zum „Einsetzungsbericht“ (1353) führt offensichtlich die Tradition der exklusiv konsekratorischen Funktion der Einsetzungsworte fort, ohne daß ein Hinweis auf das von der Epiklese ausgehende neue Verständnis der Hochgebetshandlung erfolgt, wie es die Tradition der Ostkirchen festhält, wo die Anaphora als ganze „Konsekrationsgebet“ ist.[34]

Beim Begriff „Anamnese“ (1354) fehlt ein Hinweis auf das „Gedächtnis“, das anderswo[35] gut beschrieben ist. Dafür ist das „versöh-

---

29 AEM 55d setzt Konsekration und Einsetzungsbericht gleich. Vgl. zur tridentinischen Eucharistietheologie im KKK: Ruh 97 (s. Anm. 3).

30 Siehe oben.

31 Ein ähnlicher Vorbehalt ist auch gegen die AEM 54 zu machen.

32 AEM 55.

33 AEM 55.

34 Vgl. oben zum Begriff „Konsekrationsgebet“.

35 KKK 1341 und 1363.

nende Opfer" hinzugefügt, das im Meßbuch Inhalt des eigenständigen Elements „Oblatio – Darbringungsgebet"[36] ist und merkwürdigerweise hier nicht erwähnt wird. Der KKK schließt sich hier der Hochgebetsstruktur bei Hippolyt an, übergeht damit aber die im Missale vorgegebene Struktur. Bedauerlich und unverständlich ist, daß die „Große Doxologie" als Höhepunkt der „preisenden Verherrlichung Gottes"[37] nicht erwähnt wird.

Im Bereich „Kommunion" (1355) bleibt für das „Brotbrechen" – laut AEM[38] Kernritus der Feier – nur die Erwähnung im Nebensatz. Dies ist umso merkwürdiger, weil oben unter dem Namen der Eucharistie das „Brotbrechen" genannt und gedeutet wird![39] Völlig entfallen die „Worte und Gebärden" des Friedens, die das Meßbuch so deutlich herausstellt.[40] Daß die Gläubigen beide eucharistischen Gaben empfangen, wird als selbstverständlich ausgesagt, doch fällt auf, daß bei der späteren ausführlichen Beschreibung der Kommunion zunächst die alleinige Brotkommunion verteidigt und erst dann auf die „volle Zeichenhaftigkeit" beider Gestalten verwiesen wird.[41] Es fehlt ein deutlicher Hinweis auf die „Communio" als „Koinonia", als Gemeinschaft mit dem Herrn und untereinander im vollen Sinn, wie diese sich in einer gut gestalteten Kommunionhandlung abbildet. Das abschließende Zitat Justins wirkt nicht als Einladung, sondern als Warnung.[42]

Es fehlen eine Beschreibung des Abschlusses mit Segen und Entlassung, wie sie das Meßbuch aufweist[43], oder Hinweise auf eine Agape und die Vermeldungen. Auch hier ist – wie bei der Eröffnung – ein menschlich und dramaturgisch wichtiger Teil übergangen.

Der Blick auf die Kurztexte bestätigt den Eindruck, daß die kommunikative Struktur der Feier verkürzt dargestellt ist.

---

[36] AEM 55f.
[37] AEM 55h.
[38] AEM 56.
[39] KKK 1329.
[40] AEM 56b.
[41] KKK 1390.
[42] Dies bestätigen auch die Texte KKK 1384-1387.
[43] AEM 57.

3. Zusammenfassung

Insgesamt muß man feststellen, daß die Einbeziehung des „Ablaufs der Feier“ in den Katechismus ein positives Signal dafür darstellt, daß die Redaktoren im Sinne des Zweiten Vatikanischen Konzils die Feierstruktur der Eucharistie ernstnehmen und vermitteln möchten. Doch machen sich in der Beschreibung dieses Ablaufs ernsthafte Mängel bemerkbar.

Im ganzen Abschnitt „Die liturgische Feier der Eucharistie“ wird die Normgestalt, wie sie das Meßbuch zur Verwirklichung der ekklesialen, eucharistischen, epikletischen und anamnetischen Dimensionen festlegt, nicht konsequent genug wiedergegeben. Die problematische Auswahl und Akzentsetzung genügt nicht den liturgiewissenschaftlichen und katechetischen Ansprüchen.

> Die im „Katechismus der Katholischen Kirche“ positiv zu wertende Deutung der Sakramente von der liturgischen Feier her mit der Betonung ihrer Zeichen- und Symbolstruktur müßte in der konkreten Darstellung konsequenter weitergeführt werden.[44] Das hermeneutische Bemühen, die Struktur auf das Mysterium hin durchsichtig zu machen, wie es an anderer Stelle so betont wird[45], kommt im untersuchten Bereich zu kurz, obwohl doch der Katechismus Vorbild für regionale Katechismen sein will.[46] Eine Überarbeitung des Katechismus ist ein dringender Wunsch.

---

[44] KKK 1066f. u. 1145f.

[45] KKK 1075.

[46] Vgl. dazu Ruh 79 u. 121 (s. Anm. 3).

Stefan Knobloch

Die Praxis der Eucharistiekatechese im Licht des Eucharistieartikels des *Katechismus der Katholischen Kirche*

Die Tatsache, daß es landauf landab nahezu in allen Gemeinden Ansätze und Initiativen der außerschulischen Sakramentenkatechese gibt, ist eine Frucht der gemeinsamen Synode der Bistümer in der Bundesrepublik Deutschland.[1] Daß sich dabei die katechetischen Aktivitäten auf die Hinführung junger Menschen, richtiger gesagt von „Kindern", auf die Sakramente der Buße, der Eucharistie und der Firmung beschränken, ist eine Entwicklung, die ursprünglich nicht so angezielt war. Katechese sollte nach der Absicht der Würzburger Synode als *Gemeindekatechese* installiert werden, die nicht nur mit einer bestimmten Altersschicht, sondern grundsätzlich mit allen Gliedern der Gemeinde zu tun haben sollte. *Gemeindekatechese* aber sollte sie darüber hinaus auch deshalb heißen, weil die Gemeinde das selbstverantwortliche Subjekt, der Träger dieser so verstandenen Katechese sein sollte. Daß sich die Dinge anders entwickelten, daß vielfach nur eine „sektorielle" Katechese betrieben wurde und wird, ist durchaus verständlich und muß in der noch jungen Geschichte der Gemeindekatechese nicht nur als Negativposten verbucht werden. Es dürfte sich in diesen Aktivitäten – wenngleich sie nicht alle über einen Kamm geschoren werden dürfen und durchaus große Unterschiede aufweisen, die das Grundanliegen der Katechese im Einzelfall eher verfehlen als treffen können – um eine erste Etappe auf einem Weg handeln, auf dem nicht gleich alle erwarteten Schritte auf einmal getan werden konnten.

---

[1] Vgl. Beschluß: Sakramentenpastoral, in: L. Bertsch u.a. (Hg.), Gemeinsame Synode der Bistümer in der Bundesrepublik Deutschland. Beschlüsse der Vollversammlung. Offizielle Gesamtausgabe I, Freiburg 1976, 227-275.

Ein bedeutsamer Bereich der Sakramentenkatechese tut sich in der Eucharistiekatechese auf. In sie werden in der Tat seit Jahren viele gemeindekatechetische Kräfte investiert. Davon soll im folgenden an einigen Beispielen die Rede sein, wobei der Anlaß, sich gerade jetzt mit der Eucharistiekatechese zu beschäftigen, nicht sosehr von den verschiedenen publizierten Konzepten herrührt, sondern damit zu tun hat, daß seit Oktober 1992 der Katechismus der katholischen Kirche (KKK) vorliegt, der sich „als sicherer und authentischer Bezugstext für die Darlegung der katholischen Lehre“[2] versteht und eine Hilfe sein will, „das kostbare Gut der christlichen Lehre besser zu hüten und auszulegen.“[3] Von diesem Anspruch des Katechismus her ergibt sich die spannende Frage, in welchem Verhältnis denn nun seine Ausführungen zur Eucharistie – im Eucharistieartikel (die Nr. 1322-1419) – zu den bei uns bekannten Eucharistiekatechesekonzepten stehen, ob letztere durch den Katechismus auf inhaltlich-konzeptionelle Schwächen aufmerksam gemacht werden oder ob sich vielleicht da und dort auch umgekehrt herausstellt, daß das Anliegen des Katechismus, die Darlegung der Lehre „dem heutigen Leben“[4] anzupassen, besser von den Katechesekonzepten als vom Katechismus eingelöst werde.

Wir gehen so vor, daß wir zuerst einen Blick auf die derzeitigen „Marktführer“ der Eucharistiekatechese werfen, um uns in der Materie „umzuschauen“, sie dabei aber auch unter einem kritischen Blickwinkel betrachten, ohne uns in einem ausdrücklich formulierten Kriterienkatalog über unsere eigenen Kriterien gründlich Rechenschaft zu geben. Danach soll der KKK ins Spiel gebracht werden, und zwar in der Weise, daß wir zuerst fragen, welche positiven Anregungen von ihm auf die katechetischen Modellentwürfe ausgehen können, und dann, was in ihm „Schwierigkeiten“ macht, wo er Akzente setzt, die im Interesse einer erfolgreichen Katechese von dieser besser nicht aufgegriffen werden.

---

[2] Katechismus der katholischen Kirche, München 1993, 34.
[3] Ebd. 29.
[4] Ebd. 31.

1. „Marktführer" im Bereich der Eucharistiekatechese

In den letzten Jahren sind zwei „Kommunionkurse" marktführend geworden. Das ist zum einen der von H.-J. Frisch herausgebrachte Kommunionkurs mit Ersteinführung in Buße und Beichte „Gemeinschaft mit Jesus"[5] und zum anderen der gemeindekatechetische Kommunionkurs „Für euch – Für dich – Für alle" von A. Kalteyer und C. Kemmer.[6] In beiden Fällen handelt es sich um je drei Hefte, um ein „Kursleiterbuch", ein „Gruppenleiterbuch" und eine „Werkmappe". Unsere Charakterisierung „Marktführer" will besagen, daß das nicht die einzigen Publikationen zum Thema sind, wohl aber die, die die meiste Verbreitung und Beachtung gefunden haben. Nicht unerwähnt soll bleiben, daß es daneben zwei weitere Publikationen gibt, die beide ebenso breit rezipiert wurden, zum einen die mittlerweile ältere Schrift „Buße und Eucharistie. Ein Buch für Eltern und Katecheten" von R. Ott[7] und die Sakramentenkatechese von D. Emeis von 1991.[8]

1.1 Das Handbuch „Gemeinschaft mit Jesus" von H.-J. Frisch

Wenn wir das Handbuch für den Kursleiter von H.-J. Frisch aufschlagen, so finden wir darin folgende Ziele des Kommunionkurses:[9] Es gehe a) um die Hinführung der Kinder zur Offenheit für Religion, zu tieferen Fragen nach dem Leben; b) um die Hinführung zum Glauben

---

[5] H.-J. Frisch, Gemeinschaft mit Jesus. Kommunionkurs mit Ersteinführung in Buße und Beichte. Handbuch für den Kursleiter, Düsseldorf 1987; ders., Gemeinschaft mit Jesus. Kommunionkurs mit Ersteinführung in Buße und Beichte. Handreichung für den Katecheten, Düsseldorf 1987; ders., Gemeinschaft mit Jesus. Kommunionkurs mit Ersteinführung in Buße und Beichte. Werkmappe, Düsseldorf 1987.

[6] A. Kalteyer, C. Kemmer, Für euch, Für dich, Für alle. Gemeindekatechetischer Kommunionkurs. Kursleiterbuch, Mainz 1986; dies., Für euch, Für dich, Für alle. Gemeindekatechetischer Kommunionkurs. Gruppenleiterbuch, Mainz 1986; dies., Für euch, Für dich, Für alle. Gemeindekatechetischer Kommunionkurs. Kindermappe, Mainz 1986.

[7] R. Ott, Buße und Eucharistie. Ein Buch für Eltern und Katecheten, München 1980.

[8] D. Emeis, Sakramentenkatechese, Freiburg 1991.

[9] Vgl. H.-J. Frisch, Handbuch für den Kursleiter, 27.

an Gott und an Jesus; c) um die Hinführung zu Gebet, Gottesdienst und Eucharistiefeier; d) um die Hinführung zur Gemeinschaft der Gemeinde am Ort. Ein honorige Zielsetzung, die freilich zuviel anzustreben scheint, so daß man sich fragt, wie diese Ziele erreicht werden sollen. Dabei ist es so, daß dies nur die Globalzielbeschreibung darstellt, die sich – wie aus der Handreichung für den Katecheten hervorgeht – in eine Vielzahl von Detailzielen aufgliedert. Als Beispiel sei das Thema „Fest-Mahl" (Kapitel J der Handreichung für den Katecheten) herangezogen. Das Kapitel geht davon aus, man müsse, um die Kinder an die Messe heranzuführen, von deren alltäglichen Erfahrungen ausgehen. Als katechetische Ziele werden dabei formuliert: a) den Kindern soll bewußtwerden, daß Feste wesentliche Bestandteile menschlichen Lebens sind; b) die Kinder sollen erkennen, daß zum Fest Gemeinschaft mit anderen und Essen und Trinken gehören; c) die Kinder sollen Gestaltungsmöglichkeiten und Elemente verschiedener Feste zusammentragen; d) die Kinder sollen erfahren, daß Brot für die Menschen mehr bedeutet als Nahrung; e) die Kinder sollen die verschiedenen Dienste und Aufgaben in der Messe kennenlernen und zur Übernahme von Diensten ermuntert werden; f) die Kinder sollen die Tradition des Paschamahles kennenlernen und erfahren, wie sich die Juden mit diesem Fest an die Befreiung durch Gott erinnern.[10]

Nicht nur, daß der Kommunionkurs von einer geradezu unübersichtlichen Fülle von Zielen überschwemmt wird, ist das Problem. Das größere scheint darin zu liegen – was freilich nicht nur den Kommunionkursen anzulasten ist, sondern sich durchgängig als Problem der Vermittlung von Leben und Glauben erweist –, daß zwar von den Erfahrungen der Kinder *ausgegangen* wird bzw. – wie es wörtlich heißt – man mit ihnen „einsetzt"[11], aber die „Sache", um die es geht, nicht die Kinder und deren Leben ist, sondern etwas außerhalb ihres Lebens, zu dem sie allenfalls über die Anknüpfung an ihren Erfahrungen hingeführt werden sollen.

Dabei traut man den Kindern offenbar keine Erfahrungen zu, konkret keine „Fest-Erfahrungen", weil man meint, ihnen erst beibringen zu müssen, daß „Feste wesentliche Bestandteile des Lebens

---

[10] H.-J. Frisch, Handreichung für den Katecheten, 33.
[11] Ebd. 31.

sind."[12] Ob es nicht so ist, daß unsere katechetischen Nöte, die Kinder an das Geheimnis des Glaubens heranzuführen, bereits damit zusammenhängen, daß wir ihr Leben für erfahrungslos, für unfestlich, für öde halten? Dann muß man kräftig „rationalisieren", pädagogisieren, motivieren und den Kindern die Weltsicht der Erwachsenen „pädagogisch" aufoktroyieren. Ich wage die gegenteilige These, daß die Kultur des Festes Kindern gewissermaßen urwüchsig eigen ist, daß sie die winzigsten Kleinigkeiten ihres Lebens als *Fest* erleben und sich deshalb an Festen Erwachsener – zum Beispiel bei Hochzeitsfeiern – köstlicher und festlicher vergnügen als die Erwachsenen. Ob Kinder in ihrem Leben Fest-Erfahrungen machen oder nicht, darf nicht nach der Elle der Erwachsenen bemessen werden. Das gilt es zu bedenken, wenn heute – gewiß sozialkritisch gemeint – darauf verwiesen wird, daß es Kinder in armen Lebensverhältnissen gebe, die noch nie ein Fest gefeiert hätten – etwa einen Kindergeburtstag bürgerlichen Zuschnitts mit allem Drum und Dran. Es wäre fatal, würde man solchen Kindern also Fest-Erfahrungen absprechen, nur weil in ihrem Elternhaus die Voraussetzungen bürgerlicher, vor allem durch die Kindergartenkultur beeinflußter Kindergeburtstage gefehlt hätten. Was ein Fest ist, lernen in aller Regel nicht die Kinder von der Erwachsenen, sondern umgekehrt die Erwachsenen von den Kindern.

Man unterfordert also die Kinder, wenn man ihnen bewußtmachen will, daß „Feste wesentliche Bestandteile des menschlichen Lebens" seien; daß Essen und Trinken dazu gehöre. Nur Erwachsene können auf den Gedanken kommen zu formulieren, „daß Brot für Menschen mehr bedeutet als Nahrung". Aus einem solchen „katechetischen" Satz spricht eine Abstraktion, zu der nur die dürre Welt der Erwachsenen, nicht aber die bunte Welt der Kinder fähig ist. Für das Kind ist etwas nie bloß „Nahrung". Für das Kind ist es Brot, in das es kräftig beißt, das schmeckt, weil es die Mutter gereicht hat, dick mit Nutella bestrichen, von der die Mutter weiß, daß ihr Kind das gerne ißt. Was heißt da die Begriffsschimäre „Nahrung"! Zu einer solchen katechetischen Unterforderung der Kinder kommt es, weil man andere Ziele hat als die Welt der Kinder: nämlich die Erstkommunion. Das Leben der Kinder dient lediglich als Startbahn zum Abflug

---

[12] Ebd. 33.

zu „höheren Zielen“ – und eben dabei wird man ihnen, den Kindern, selten gerecht.[13]

Kinder durchschauen das. Da bemühen wir die Vokabel „Fest“ und interessieren uns in Wirklichkeit dafür, wie Kinder „für Dienste und Aufgaben in der Messe“ gewonnen werden können. Wenn letzteres das katechetische Ziel ist, sollte man es ohne Umwege über die Sprechblase des „Festes“ direkt angehen.

In einem weiteren Schritt handelt die Handreichung für den Katecheten vom „Fest der Messe“.[14] Dabei werden folgende Ziele vorgegeben: „a) Die Kinder sollen den neutestamentlichen Bericht vom Abendmahl Jesu kennenlernen; b) die Kinder sollen verstehen, daß Christen in der Erinnerung an das Abendmahl Jesu immer wieder Messe feiern; c) die Kinder sollen die inhaltliche Verbindung zwischen dem Paschamahl der Juden, dem Abendmahl Jesu und der Messe der Christen verstehen; d) die Kinder sollen die Einsetzungsworte Jesu über Brot und Wein und die Wandlungsworte bei der Messe vergleichen und bedenken; e) die Kinder sollen die Teile des eucharistischen Hochgebetes (Präfation, Sanctus, Kanon) kennenlernen.“[15]

Wiederum eine Fülle von Einzelzielen, die – wenn sie denn erreicht werden sollen – für die Kinder jeden Gedanken an ein Fest längst in Streß verwandeln müßten. Die formulierten Ziele überheben sich auch theologisch. Die inhaltliche Verbindung zwischen Paschamahl der Juden, Abendmahl Jesu und der Messe der Christen zu „verstehen“, darum bemühen sich seit 2000 Jahren die Theologinnen und Theologen mit immer neuen Thesen und Akzentsetzungen. Es wird also schwer sein, in den Begriffskategorien der bisherigen Theologie das Verständnis für die Zusammenhänge bei den Kindern zu wecken. Bedenklich ist, in der Kommunionkatechese die „Einsetzungsworte Jesu“ bzw. die „Wandlungsworte“ so ins Zentrum zu rücken, wie es hier geschieht. Damit werden nämlich Elemente aus dem Handlungsgeschehen der Eucharistiefeier herausgelöst und mit statischen Fachtermini belegt („Einsetzungsworte“, „Wandlungsworte“), die strenggenommen als Einzelelemente theologisch gar nicht mehr zu verorten

---

[13] Vgl. in dem Zusammenhang F. Taborda, Sakramente: Praxis und Fest, Düsseldorf 1988, 55-59.

[14] H.-J. Frisch, Handreichung für den Katecheten, 35-36.

[15] Ebd. 35.

sind. Als „Einzelelemente" führen sie nämlich weg vom Verständnis des Ganzen als Handlungsgeschehen. Die neugewonnene Erkenntnis unter Liturgiewissenschaftlern ist aber nun zunehmend – wie Beiträge dieses Sammelbandes deutlich machen –, daß die Eucharistiefeier als *Handlungsgeschehen* zu werten ist, in dessen Verlauf zwar erklärende Deuteworte Jesu gesprochen werden, die für sich allein genommen aber nicht das Ganze sind, sondern die nur integriert in das Handlungsgeschehen Sinn machen.

Insofern beschreibt das im Kommunionkurs formulierte Ziel, Teile des eucharistischen Hochgebets kennenzulernen nur dann das Richtige, wenn diese Teile nicht als „Teile", sondern als Akzente in einem einzigen Handlungsgeschehen gedeutet und verstanden werden.

Nimmt man die Werkmappe für die Kinder hinzu, dann stößt man in der katechetischen Einheit „Fest" auf die Überschrift: „Brot befreit zur Freude." Man muß sich das förmlich auf der Zunge zergehen lassen, um zu merken, wie unecht, ja wie hilflos diese Sprache ist: Brot befreit zur Freude. Wie oft hat Sie, die Leserin, den Leser schon Brot zur Freude befreit? Sollen auf diese Weise Erfahrungen der Kinder mit Brot nachempfunden werden? Nicht einmal in Somalia, wo Millionen von Menschen vom Hungertod bedroht sind, dürfte Brot auch nur einen einzigen zur Freude „befreit" haben. Die ausgezehrten Kinder dort essen mit hohlen Augen und apathisch, was ihnen gereicht wird. Freude? Befreiung? Die Inflation der Worte und der durch falsche Worte falsch anvisierten Gefühle – soll das wirklich der richtige Weg der Hinführung der Kinder zur Eucharistie sein?

Manche unserer Überlegungen mögen sich etwas spröde und harsch, ja vielleicht sogar unfreundlich lesen. Vor allem könnte man sagen: Dann liefere doch eine bessere Handreichung! Doch treibt mich hier nicht die Kritik an den Autoren, sondern das Interesse, in den Kommunionkursen mit der Welt der Kinder gut umzugehen, sie ernstzunehmen und sie hochzuschätzen, damit auf dieser Basis der Weg vom Geheimnis ihres Lebens in das Geheimnis der Eucharistie gelingen kann.

1.2 Sakramentenkatechese von D. Emeis

Es würde an der Stelle wohl zu weit führen, wollten wir uns nun auch noch dem zweiten Kommunionkurs „Für euch, Für dich, Für alle" ausführlich zuwenden. Wir werden ihn aber miteinbeziehen, wenn nachher die Frage nach den Anregungen des KKK bzw. danach, was von ihm her Schwierigkeiten macht, zu stellen ist. Hier sei lediglich ein kurzer Blick auf den Eucharistieteil in D. Emeis „Sakramentenkatechese" geworfen, der sich in manchem wohltuend von der Handreichung „Gemeinschaft mit Jesus" abhebt. D. Emeis plädiert für eine „Konzentration" des Kommunionkurses auf das Wesentliche. Sie bestehe darin, daß herüberkommen müsse, daß Jesus Brot und Wein nahm und seinen Jüngern reichte mit der Aufforderung, davon zu essen und zu trinken; daß er dabei Brot und Wein zu Zeichen machte, in denen er sich selbst den Jüngern mitteilen wollte; daß er dies tat im Blick auf den ihm bevorstehenden gewaltsamen Tod. Diesen Tod deutete er als Hingabe für die Jünger und die vielen.[16]

Auf der Basis dieser Konzentration auf das Wesentliche vermag Emeis die plurale Vielfalt der Ziele des Kommunionkurses zu beschreiben. Es gehe darum, die fundamentale Fähigkeit der Kinder, Zeichen, Gesten und Bilder zu schauen, zu entfalten; von den Erwachsenen sollten sie den Grund erfahren, warum diese noch heute von Jesus erzählten; sie sollten dem Glauben Erwachsener begegnen, die darauf vertrauten, daß Jesus bei ihnen sei und ihnen helfe; sie sollten den gemeinsamen Glauben an Jesus als den Grund der christlichen Versammlung erfahren; sie sollten ihre eigenen guten Erfahrungen mit Gott entdecken und zur Sprache bringen; sie sollten das Miteinander und Füreinander der Menschen lernen.[17]

Das sind alles relativ plausible und vom Anspruch her einlösbare Ziele der Eucharistiekatechese, die ihre Grenzen allenfalls am Unvermögen der Erwachsenen haben, „jedem Rede und Antwort zu stehen, der nach der Hoffnung fragt, die euch erfüllt" (1 Petr 3,15). Nicht so ganz zu diesem Duktus will meiner Meinung nach eine Zielangabe bei Emeis passen, die besagt, daß die Kinder das Brot in der Eucharistie von gewöhnlichem Brot unterscheiden sollten.[18] Das erinnert mich an meinen Erstkommunionunterricht vor nahezu 50 Jahren, in dem man uns, wie ich es später zu benennen lernte, die „Realpräsenz" zu vermitteln suchte.[19] Man stellte darauf ab, daß wir die Speise „unter-

---

[16] Vgl. D. Emeis, Sakramentenkatechese, 117.

[17] Ebd. 152f.

[18] Ebd. 153.

[19] Vgl. zum Folgenden S. Knobloch, Verschleudern wir die Sakramente? Die

scheiden" konnten. Denn nach 1 Kor 11,29 ißt und trinkt sich das Gericht, wer die Speise nicht „unterscheide". Wenn bei den Kindern ankommt, daß sich Jesus den Jüngern in Brot und Wein mitgeteilt hat und daß dasselbe jetzt für sie gelte, dann haben sie das Entscheidende an-genommen. Es eröffnet sich ihnen nicht als „Unterschied", sondern aus der Analogie zu ihren Erfahrungen mit Brot und Wein, besser mit Essen und Trinken. So ist es zuerst wichtig, das Gemeinsame zwischen dem eucharistischen Brot und dem Brot im Leben herauszuarbeiten. Von der Liebe der Eltern her, der alleinerziehenden Mutter, des alleinerziehenden Vaters her zu essen zu haben, ist eine Grunderfahrung der Kinder. Feste in der Familie werden um den „Eß-Tisch" herum begangen. Auf diese Weise drücken Eltern ihre Liebe und Nähe zu ihren Kindern aus: Ihr dürft leben. Wir freuen uns, daß ihr uns geschenkt wurdet.

Zur Welt der Kinder zählen aber auch Erfahrungen anderer Art, enttäuschte, verärgerte Eltern, die nicht ansprechbar sind, die sich entziehen. Von diesen bedrohlichen Erfahrungen her müßte den Kindern im Kommunionkurs nahegebracht werden, daß es *einen* gibt, der sie unbedingt liebt, der unbedingt zu ihnen steht, der seine Liebe nicht – wie manchmal die Eltern – an Bedingungen knüpft. Es müßte ihnen aufgezeigt werden, daß so, wie das alltägliche Brot die Liebe der Eltern widerspiegelt, das Brot, das die Gemeinde bricht, die ungebrochene Liebe Gottes zu ihnen bezeugt. In der Deutungsebene des alltäglichen Brotes ist bereits die Deutungsebene des eucharistischen Brotes angelegt. So würde die Eucharistie nicht mehr dadurch „erschlossen", daß man sie sogleich von einer gewöhnlichen Speise unterscheide, sondern im Gegenteil dadurch, daß man auf das Gemeinsame abhebt und der Unterschied sozusagen erst am Ende hervorträte.

Die Kommunionkurse, von denen wir hier stellvertretend einen herangezogen haben, sind das eine, der neue KKK ist nun das andere. Was ergibt sich für sie aus der Tatsache, daß es nun den KKK gibt? Können sie von ihm Anregungen beziehen? Wenn ja, welche wären das? Kann es Aussagen im KKK geben, die die Kommunionkurse besser unberücksichtigt ließen?

Feier der Sakramente als lebensgeschichtliche Mystagogie, in: ders., H. Haslinger (Hg.), Mystagogische Seelsorge. Eine lebensgeschichtlich orientierte Pastoral, Mainz 1991, 106-125, hier 121f.

2. Anregungen des KKK für die Kommunionkurse

Wenn es nun darum geht zu fragen, ob aus dem Eucharistieartikel des KKK Anregungen für die Kommunionkurse zu gewinnen sind, muß man sich darüber im klaren sein, daß man der Methode der „Selektion" folgt, das heißt, daß man bestimmte Elemente des Artikels aufgreift, andere aber beiseite läßt bzw. erst unter dem 3. Punkt „Schwierigkeiten" verhandelt. Man muß freilich sogleich hinzufügen, daß sich in solcher „Auswahl" nicht pure Subjektivität austobt, sondern die Strukturen zu einer unterschiedlichen Bewertung des Eucharistieartikels in diesem selbst angelegt sind. Es verhält sich hier ähnlich wie bei den Konzilstexten. Auch dort stehen unterschiedliche Textsorten nichtvermittelt nebeneinander. Die einen gehen etwa in Richtung eines hierarchischen, die anderen in Richtung des Volk-Gottes-Verständnisses der Kirche. Analoges gilt auch vom KKK und von seinem Eucharistieartikel im besonderen.

2.1 Die liturgische Feier

Ein Novum im Eucharistieartikel des KKK – gemessen an der Eucharistielehre des Catechismus Romanus, dem Vorgänger des KKK auf der Basis des Konzils von Trient – ein Novum im KKK also ist die Ziffer IV: Die liturgische Feier der Eucharistie. Hier ist der Einfluß der Liturgiekonstitution des 2. Vatikanischen Konzils (SC) unverkennbar. Angesagt ist das Programm, die Eucharistie von ihrer liturgischen *Gestalt*, von ihrem *Ablauf* her zu erschließen. Sie ist ihrer Struktur nach ein *Handlungsgeschehen*, innerhalb dessen bestimmte *Handlungs*teile unterschieden werden, die ihren entscheidenden Charakter verlieren, sobald sie nicht mehr als *Handlungs*teile verstanden würden.[20] Ein erstes Handlungselement, sozusagen das grundlegende, besteht darin, *daß alle zusammenkommen* (Nr. 1348). „Alle" bezieht sich auf die, die tatsächlich kommen. Es wäre unzutreffend, hier einen unrealistischen Anspruch herauszuhören, „alle" Mitglieder einer Territorialpfarrei zu *einem* Gottesdienst versammeln zu wollen. Kämen „alle", würde es die Möglichkeiten des Gottesdienstes sprengen.

[20] Vgl. KKK Nr. 1348-1355.

Dieses erste Handlungselement, die Voraussetzung für alles Folgende, läßt erkennen, wer das „Subjekt“ der Feier ist: die versammelte Gemeinde. Die Versammlung ist sozusagen die eigentliche lex des Gottesdienstes, weshalb man an DS 246 erinnern kann, „legem credendi lex statuat supplicandi“; die lex der Versammlung bringt die Feier erst in Gang, die als Feier der Eucharistie begangen und „geglaubt“ wird. Das zweite Handlungselement besteht im *Wortgottesdienst* (Nr. 1349), das dritte in der *Gabenbereitung* (Nr. 1350); es meint die Bereitung der für die Eucharistie benötigten Gaben von Brot und Wein.

Daneben – viertes Handlungselement – bringen die Christinnen und Christen *Gaben zur Unterstützung Bedürftiger* mit. Fast schämt man sich, angesichts der realen Praxis der Kollekte, die vielfach als störendes, sekundäres Element des Gottesdienstes empfunden wird, das die Andacht unterbricht –, vom KKK darauf aufmerksam gemacht zu werden, daß die Kollekte ein unverzichtbares Handlungselement der Eucharistiefeier ist. Freilich vermißt man diesbezüglich im KKK die letzte Konsequenz, da er zwar in Nr. 1351 die Kollekte als viertes Handlunsgelement der Feier benennt, bei der Zusammenfassung der Kurztexte am Ende des Artikels (Nr. 1406-1419) aber darauf keinerlei Bezug mehr nimmt.

Das fünfte Handlungselement besteht in der *Anaphora*, die sich als Handlungsbogen vom Einleitungsdialog der Präfation bis zur Doxologie vor dem Vater unser spannt und die Präfation, die Epiklese, den „Einsetzungsbericht“, die Anamnese und die Fürbitten umfaßt. In diesen Handlungsbogen, „dem Herzen und Höhepunkt der Feier“, wie Nr. 1352 sagt, ist viel hineingepackt, weshalb wir auf Einzelfragen dazu im nächsten Punkt noch einmal zu sprechen kommen werden. Soviel sei aber schon hier gesagt: Die Epiklese ist gegenüber der Eucharistielehre des Catechismus Romanus ein ganz neues Element, das aus dem Rückbezug auf die Traditio Hippolyti als wichtiges Handlungselement der Eucharistiefeier wiederendeckt wurde, wenngleich auch in diesem Punkt der KKK merklich „auf beiden Schultern trägt“ und er die Bedeutung der „Einsetzungsworte“ gegenüber der Epiklese nicht geschmälert sehen will.

Inwiefern können nun aus dem bisherigen Rekurs auf den Eucharistieartikel des KKK Anregungen für die Kommunionkurse zu gewinnen sein? In gewissem Sinn kommt diese Frage an der Stelle etwas früh, da wir noch nicht in die wichtige Erörterung der Epiklese im

Handlungsbogen der Anaphora eingetreten sind. Soviel läßt sich gleichwohl jetzt schon erkennen: Die Eucharistiefeier erschließt sich nur als *Handlungsgeschehen* und entsprechend ist auch das „Produkt“ der Feier – sit venia verbo! –, die eucharistische Gabe, nur über die Analyse des Handlungsgeschehens zugänglich zu machen.

Das wird gewiß in den Kommunionkursen in Ansätzen schon versucht. Aber deren Überlegungen kreisen gewöhnlich zu abstrakt und blutleer um rituell-rubrizistische Vorgänge des Hantierens mit Hostie und Kelch; hier sollen die Kinder etwas sehenlernen. Nur übersehen die Kommunionkurse dabei meist den grundlegenden und wichtigeren Handlungszusammenhang: daß alle zusammenkommen. Die Menschen, die in Liebe und gläubiger Solidarität, aber auch in Schuld und Versagen zusammenkommen, sind der erste und eigentliche „Stoff“ der Eucharistiefeier. Die Feier hat grundlegend damit zu tun, daß Christen miteinander umgehen, daß sie sich zueinander verhalten. Sie entläßt nicht konsekutiv den moralischen Appell zur Liebe, sondern dokumentiert im „Realsymbol“ der versammelten Gemeinde, was von Gott her schon möglich ist: sie *sind* versammelt, sie *sind* Gemeinschaft. Daß dies allerdings in den Kommunionkursen schwer zugänglich zu machen ist, liegt weniger an den Kursen als an den realen Verhältnissen der Gemeinden. In den Köpfen und Herzen der Erwachsenen ist das Bewußtsein unterentwickelt, daß im Zusammenkommen der entscheidende Grund der Feier gelegt ist. Um so mehr müßte darauf der Blick der Kommunionkurse gerichtet bleiben.

Darüber hinaus sollte im Kommunionkurs im Zusammenhang mit der Gabenbereitung die Aufmerksamkeit nicht bloß den Gaben von Brot und Wein gelten. Denn da gibt es nicht viel zu sehen. Statt dessen müßte das Element der Kollekte herausgebarbeitet werden. Nicht als Konzession an die augenblicklich bei uns zunehmende neue Armut, nicht um zu einem „guten Werk“ anzuhalten, sondern um eine tragende Ebene in die Eucharistiefeier einzuziehen, ohne die sie zusammenstürzen müßte, ohne die sie sich nicht sinnvoll „auslegen“ könnte.

Demgegenüber dürften die „Einsetzungsworte“[21] etwas an Aufmerksamkeit verlieren. Hier hat D. Emeis, wie bereits erwähnt, die richtige Dosierung vorgeschlagen; es müsse herüberkommen, daß Jesus Brot und Wein nahm und sie zum Zeichen machte, daß er in ihnen

---

[21] Dazu im nächsten Unterpunkt mehr.

sich selbst den Jüngern mitteilen wollte.[22] Damit haben wir schon die Materie des folgenden Unterpunktes tangiert.

2.2 Die Bedeutung der Epiklese

Im Unterschied zur Eucharistielehre des Konzils von Trient[23] nahm der Eucharistieartikel des KKK die Epiklese in den Handlungsbogen der Anaphora auf. Das hat weitreichende Folgen für die katechetische Erarbeitung der Eucharistie. In Nr. 1353 formuliert der KKK: „In der Epiklese bittet die Kirche den Vater, seinen Heiligen Geist ... auf Brot und Wein zu senden, damit sie durch dessen Kraft Leib und Blut Jesu Christi werden." Vom weiteren Satzteil, der unmittelbar angefügt ist, wonach durch die Epiklese die Teilnehmer an der Eucharistie ein einziger Leib und ein einziger Geist würden, sehe ich hier ab. Danach ist es die Epiklese, die bewirkt, daß Brot und Wein Leib und Blut werden.

Im Abschnitt über die „sakramentale Heilsordnung", der der Abhandlung über die einzelnen Sakramente im KKK vorausgeht, wird die Rolle des Heiligen Geistes im Handlungsgeschehen der Anaphora unüberbietbar klar herausgestellt. „Die Epiklese", so Nr. 1105, „ist die Bitte, in welcher der Priester den Vater anfleht, den heiligenden Geist zu senden, damit die Opfergaben zu Leib und Blut Christi ... werden." Nr. 1107 spricht von der verwandelnden Kraft des Heiligen Geistes und Nr. 1106 bezeichnet die Epiklese zusammen mit der Anamnese als „das Herzstück" der Eucharistie. Also vergegenwärtigt der Heilige Geist das Mysterium Christi.

Was im allgemeinem Sakramententeil bezüglich der Epiklese so klar ausgesprochen ist, erfährt freilich im Eucharistieartikel eine deutliche Relativierung, der anzumerken ist, daß vermieden werden sollte, die Einsetzungsworte gegenüber der Epiklese in ihrer Bedeutung herabzusetzen. So formuliert Nr. 1333 – entgegen der tatsächlichen Reihenfolge im Handlungsbogen der Anaphora –: „In der

---

22 Vgl. D. Emeis, Sakramentenkatechese, 117.

23 Der Eucharistielehre des Konzils von Trient lag keine erkennbare Systematik zugrunde; so ging es in der Sessio XIII 1551 um das Altarssakrament und erst 1552 in der Sessio XXII um das Meßopfer. Zeitlich waren hier die Dinge gleichsam auf den Kopf gestellt.

Eucharistiefeier werden Brot und Wein durch die *Worte Christi* und die Anrufung des Heiligen Geistes zu Leib und Blut Christi gewandelt." Ähnlich sagt Nr. 1353: „Im Einsetzungsbericht machen die *Kraft der Worte und des Handelns Christi* und die Macht des Heiligen Geistes den Leib und das Blut Christi ... unter den Gestalten von Brot und Wein gegenwärtig." Auch Nr. 1357 nimmt die Formulierung „durch die Worte Christi und durch die Kraft des Heiligen Geistes" auf.

Diese Beobachtungen lassen den Schluß zu, daß der KKK in der Verhältnisbestimmung von Epiklese und Einsetzungsworten keine klare Linie durchhält und man vermuten kann, daß der KKK innerhalb des Eucharistieartikels die Funktion des Heiligen Geistes in der Epiklese lediglich im Sinne eines pneumatologischen Zugeständnisses zum festen Topos der „Einsetzungsworte" hinzugenommen hat. In dieser Inkonsequenz darf der KKK nicht als Vorbild der Kommunionkurse dienen. Diese sollten stark das Element der Epiklese, also das Wirken des Heiligen Geistes, betonen und die „Einsetzungsworte" lediglich als auslegende Verdeutlichung gewichten. So wären die Kommunionkurse um ein erhebliches Problem ärmer.

Von daher wäre zum Beispiel die sechste der „Thesen zur Eucharistie" im Kursleiterbuch von A. Kalteyer und C. Kemmer zu überarbeiten. Dort heißt es: Der erhöhte Herr tue alles „in der Kraft des Geistes Gottes. Dieser gleiche Geist wird über Brot und Wein herabgerufen (Epiklese), und sie werden in Jesu Leib und Blut verwandelt."[24] Hier könnte die These schadlos enden. Denn der nächste Satz führt in Gelände, in dem die eben gewonnene Klarheit rasch wieder verspielt werden kann: „Dies geschieht durch die Hände und den Mund des Priesters, der in ‚persona Christi' handelt. Die *Wandlung* der eucharistischen Gaben ist Zeichen und Kraftquelle für die Wandlung des Leibes Christi, der Kirche." Während ich auf den ersten der beiden Sätze im Interesse der Klarheit – und nicht um dem Kommunionkurs etwas vorzuenthalten – verzichten könnte, gewänne der zweite Satz unter Verzicht auf das Wort „Wandlung" in folgender Fassung eine klarere Kontur: Die eucharistischen Gaben sind Zeichen und Kraftquelle des Leibes Christi, der Kirche.

---

[24] A. Kalteyer, C. Kemmer, Kursleiterbuch, 15.

Würde man zugunsten der Erarbeitung der Epiklese von der Fixierung auf die „Einsetzungsworte“ wegkommen, hätte man es nicht mehr nötig, wie es im Gruppenleiterbuch in Katechese 18 geschieht, die Kinder daran zu erinnern, „daß es innerhalb des Hochgebetes oder Lob- und Dankgebetes vor allem um den Einsetzungsbericht des Abendmahles geht.“[25]

2.3 Die mehrfache Weise der Gegenwart Jesu

Im Trienter Dekret über das Altarssakrament (Sessio XIII; DS 1635-1650) ging es zentral um das Thema der „Gegenwart“ des Herrn unter den Gestalten von Brot und Wein. Es war „das“ Thema von Trient. So formulierte das Dekret (DS 1636), „daß in dem erhabenen Sakrament der heiligen Eucharistie nach der Weihe (Konsekration) von Brot und Wein unser Herr Jesus Christus als wahrer Gott und Mensch wahrhaft, wirklich und wesentlich unter der Gestalt jener sichtbaren Dinge gegenwärtig ist.“ Und man sah die Besonderheit der Eucharistie darin begründet, „daß die übrigen Sakramente dann erst ihre heiligende Kraft besitzen, wenn man sie gebraucht, in der Eucharistie aber der Urheber der Heiligkeit vor ihrem Gebrauch da ist“ (DS 1639). Zwar nimmt der KKK diese Aussagen zur Gegenwart des Herrn in Nr. 1374 ausdrücklich auf, verweist aber in der Nummer zuvor auf die mehrfache Weise der Gegenwart des Herrn in der Kirche.

Er sei gegenwärtig „in seinem Wort, im Gebet seiner Kirche, ‚wo zwei oder drei in meinem Namen versammelt sind‘ (Mt 18,20), in den Armen, den Kranken, den Gefangenen, in seinen Sakramenten, deren Urheber er ist, im Meßopfer und in der Person dessen, der den priesterlichen Dienst vollzieht, aber vor allem unter den eucharistischen Gestalten’ (SC 7).“

Bei dieser Sachlage ist zumindest unbestreitbar, daß der KKK die Gegenwart des Herrn nicht mehr allein auf die eucharistische Gegenwart beschränkt. Ihm ist der Plural der Gegenwartsformen wichtig. Auf diese Gegenwartsformen „im Plural“ sollten auch die Kommunionkurse ihren Blick richten. Denn dann verliert die eucharistische Gegenwart von Anfang an den mirakulösen Charakter eines singulären erratischen Blocks. Entlastung also würde sich für die Kommu-

---

[25] A. Kalteyer, C. Kemmer, Gruppenleiterbuch. Katechese 18, 3.

nionkurse abzeichnen, die sich ganz konkret dahingehend auswirken dürfte, daß man sich nicht mehr allzu lange bei den „Einsetzungsworten" aufhalten müßte. Wer vielmehr Sinn dafür hat, in den Armen und Kranken dem Herrn zu begegnen – und dafür den Sinn zu erschließen wäre wichtiger als die Hinführung zu liturgisch-rubrizistischen Gesten, die ohnehin bald wieder vergessen sind –, ich sage, wer in den Armen und Kranken ein Realsymbol des gegenwärtigen Herrn zu sehen lernt, „der ist nicht weit entfernt vom Reiche Gottes."

2.4 Christus in den Ärmsten erkennen

Das eben Gesagte muß noch einmal als eigener Punkt herausgestellt werden: Die Kommunionkurse haben eine Akzentuierung auf den Armen und Bedürftigen nötig. Das legt sich zwar einerseits durch die Nr. 1373 nahe, wird aber andererseits in Nr. 1397 wieder erheblich abgeschwächt, wo gesagt ist, daß die Eucharistie gegenüber den Armen „verpflichte". Man kann das so verstehen, als ergebe sich die Sorge um die Armen und Randgruppen „konsekutiv" aus der vorangehenden Eucharistiefeier. Zugleich ist dort aber auch gesagt, um den Leib und das Blut „in Wahrheit" zu empfangen, müsse man Christus in den Ärmsten erkennen. Wie ist das „in Wahrheit" zu interpretieren? Ist das im Sinne einer Komplettierung des Empfangs der Eucharistie zu verstehen oder aber radikaler in dem Sinn, daß die Eucharistie „in Wahrheit" als das, was sie ist, nur empfangen wird von dem, der für die Ärmsten offen ist? Nr. 1397 bleibt undeutlich und schwammig, nicht zuletzt durch ein hinzugefügtes „auch": wer den Leib Christi empfange, müsse Christus „auch" in den Ärmsten erkennen. Das läßt sich dann wohl doch nicht anders denn als lediglich erwünschte konsekutive Konsequenz aus dem Empfang deuten, nicht aber als für den Empfang konstitutiv. Wie auch immer: Der KKK hat den Zusammenhang von Eucharistie und Solidarität zu einem Topos des Eucharistieartikels gemacht, weshalb er viel stärker als bisher auch in den Kommunionkursen Berücksichtigung finden sollte.

3. Aussagen im Eucharistieartikel des KKK, die Schwierigkeiten machen

Markierte das bisher Bedachte Elemente, die vom Eucharistieartikel des KKK her belebend auf die Kommunionkurse wirken könnten, so ist nun von Inhalten zu reden, die sich die Kommunionkurse besser nicht zum Vorbild nehmen, von denen sie sich nicht weiter beeindrukken lassen sollten. Einiges von dem, was nun zu verhandeln ist, stellt sozusagen die Gegenfolie zu dem dar, was wir im vorausgehenden Punkt unter „positiven Anregungen“ verbucht haben.

3.1 Die überakzentuierte „Einsetzung“ der Eucharistie

Im Eucharistieartikel des KKK handeln die Nr. 1337-1340 von der „Einsetzung der Eucharistie“. Die drei synoptischen Evangelien und der hl. Paulus hätten „den Bericht über die Einsetzung der Eucharistie überliefert“ (Nr. 1338). Mit diesem Satz wird auf sehr fragliche Weise der Eindruck erweckt, als habe das Ereignis des Abendmahles in der Tat zu einem „Bericht“ geführt, ganz so wie wir die „Bilder des Tages“ von den Ereignissen des Tages im Fernsehen sehen bzw. Tatsachenberichte am nächsten Tag in der Zeitung lesen. Das, was wir in einem sehr unscharfen Begriff „Einsetzung“ der Eucharistie nennen, verdankt sich nicht allein einem Einsetzungsakt Jesu, mit dem die Sache von einer Sekunde auf die andere da gewesen wäre.

Was wir „Einsetzung“ nennen, war ein sehr komplexer Prozeß, der im Leben Jesu seinen Anfang nahm und im Geschehen des Abendmahles seine Verdichtung erfuhr, der aber erst in der Identifizierung der Person und des Werkes Jesu durch die nachösterlichen Gemeinden zu dem heranreifte, was wir als Eucharistie bezeichnen. Etwas respektlos gesagt: Nach „Einsetzung“ war Jesus am Abend vor seinem Leiden kaum zumute. Eher war es so, daß er die Stärke besaß, die Krise, in der er sich – den sicheren Tod vor Augen – befand, in der Gewißheit zu bestehen, daß der Vater nicht von ihm gewichen, daß er in Anspruch zu nehmen sei, daß er nicht außerhalb dessen stehe, was sich für sein Leben an aktueller Dramatik abzeichnete. In dieser Situation konnte Jesus mit seinen Jüngern – zunächst prinzipiell so wie alle gläubigen Juden – den rettenden Gott feiern. Ja noch mehr, er konnte in den Zeichen von Brot und Wein – den tragenden Symbolen des Paschamahles – seine eigene Rettung in Gott feiern, obwohl, ja gerade weil es für ihn darum ging, sein Leben, also „Leib und Blut" herzugeben. Er feierte sein hinzugebendes Leben in den Zeichen von Brot und Wein als ein von Gott durch den Tod hindurch gerettetwerdendes Leben.

Das alles „nachher" als Eucharistie zu identifizieren, trifft exakt den Kern. Nur hat das Ganze bei diesem hermeneutischen Vorverständnis nicht mehr länger den Beigeschmack einer womöglich notariell beurkundeten „Einsetzung" für die Zeit nach Jesu gewaltsamen Tod. Von solchen Überlegungen her sollte man die Kinder in den Kommunionkursen an das Handlungsgeschehen des Abschiedsmahles heranführen, in dessen Verlauf etwas grundgelegt wurde, was erst allmählich in seiner umfassenden Bedeutung als Einsetzung der Eucharistie erfaßt wurde.

3.2 Der Topos der eucharistischen Gegenwart

Obwohl in Nr. 1373 die verschiedenen Gegenwartsformen des Herrn namhaft gemacht wurden, ergeht sich die Nr. 1374 wie in einer herben Mißachtung des Vorausgehenden in einer rein tridentinischen Spekulation über die eucharistische Gegenwart. Im heiligsten Sakrament der Eucharistie sei „*wahrhaft, wirklich und substanzhaft* der Leib und das Blut zusammen mit der Seele und Gottheit unseres Herrn Jesus Christus und daher der *ganze* Christus enthalten" (Nr. 1374). Und in Nr. 1376 wird ohne den geringsten Versuch einer hermeneutischen Übertragung in heutige Denkkategorien aus dem Dekret über das Altarssakrament zitiert, daß die Wandlung „im eigentlichen Sinn Wesensverwandlung (Transsubstantiation) genannt" werde. Um sich in den Fallstricken dieses Begriffs erst gar nicht zu verfangen, sollte auf das Wie der Gegenwart Jesu in Brot und Wein in der Kommunionkatechese nicht der geringste Wert gelegt werden. So würde man dem Rat des Johannes Damascenus folgen, der auf die Frage, *wie* das Brot Leib Christi und der Wein Blut Christi werde, antwortete: „Es genüge dir zu hören, daß es durch den Heiligen Geist geschieht."[26]

---

[26] zitiert nach KKK, Nr. 1106.

3.3 Der *neue* Bund

Im KKK ist eine Tendenz zu beobachten, im Umfeld des Abendmahles die Rolle Jesu aus den gewachsenen jüdischen Traditionen herauszulösen und sie derart zu überhöhen und zu isolieren, daß – etwas pointiert gesagt – die jüdische Paschatradition in ihrer Bedeutung gegen Null geht. So formuliert die Nr. 1085 im Blick auf das Pascha-Mysterium Christi, „alle anderen Ereignisse geschehen *einmal*, dann gehen sie vorüber, versinken in der Vergangenheit;... das einzige Ereignis der Geschichte, das nicht vergeht," sei das Pascha-Mysterium Christi. Mit dieser Aussage gerät der KKK allerdings zu sich selbst in Widerspruch, da er an anderer Stelle, nämlich in Nr. 1363 im Rahmen des Eucharistieartikels einräumt, daß jedesmal, wenn das jüdische Pascha gefeiert werde, die Ereignisse des Auszugs dem Gedächtnis der Gläubigen gegenwärtig gemacht würden, so daß sie also nicht „in der Vergangenheit versinken". Tatsache ist – wie vorhin schon angedeutet –, daß das Pascha-Mysterium Christi ohne den jüdischen Wurzelgrund nicht zu verstehen ist. Ja, nicht nur das. Der Zusammenhang zwischen beidem ist so eng, daß man kritisch fragen muß, ob der KKK gut daran tat, in Nr. 1364 zu sagen, der Neue Bund erhalte duch die Memoria des Abendmahles einen *neuen* Sinn. Man kann dies richtig verstehen, wenn man darin ausgesagt sieht, daß durch die Abendmahlsfeier Jesu tatsächlich noch etwas neu hinzukam, etwas, was zum Bisherigen paßte, was das Bisherige bestätigte. Falsch wäre es, den *neuen* Sinn so zu verstehen, als träte er ganz an die Stelle des alten, als würde er das Bisherige vollends ersetzen. „Neu" ist die Paschafeier in Gestalt des Pascha-Mysteriums Christi allein dadurch, daß durch sie zweifelsfrei angesagt ist, daß der Bund Gottes Bestand hat, daß er sich in Tod und Auferstehung des Hingegebenen unüberbietbar bewahrheitete. Von daher sollte jeder Kommunionkurs darauf bedacht sein, vor allem die Kontinuität zwischen Altem und Neuem Bund in Jesus herauszuarbeiten, statt einseitig auf Diskontinuität wertzulegen, um so den überbietenden Jesus herauszustellen. Dabei ist freilich einzuräumen, daß die gesamte Frage Alter/Neuer Bund die Kinder kaum vom Hocker reißen dürfte, es sei denn, es gelingt, alles in einer Sprache zu präsentieren, die von der Existenzerfahrung der Kinder her den Raum eröffnet auf die Situation Jesu, der angesichts des sicheren Todes in den Zeichen des Bundes sein ungebrochenes Vertrauen auf den rettenden Gott setzte.

3.4 Das Kreuzes*opfer*

Eine Crux des Kommunionkurses könnte sich aus der Vermittlung des Kreuzes*opfers* ergeben. Wie, ohne sich in lauter Mißverständnissen zu verfangen, vom Opfer Christi reden? Im Eucharistieartikel des KKK nimmt der Opfer-Topos eine zentrale Stellung ein. Ist er deshalb auch für den Kommunionkurs unverzichtbar? Nein, eher gilt das Gegenteil. Mit dem Begriff „Opfer" würde der Kommunionkurs ein weiteres Mal ein Terrain betreten, auf dem für die Kinder nichts zu holen, aber sehr viel zu verlieren ist. Schon der Katechismus ist im Umfeld des „Opfers" in eine unverzeihliche theologische Schieflage geraten, mit der man Kommunionkinder nicht belasten darf. In Nr. 606 formuliert der KKK, Jesu erlösende Passion sei „der Grund seiner Menschwerdung". Damit wird behauptet, Jesus sei Mensch geworden, um zu sterben, um uns durch die Passion zu erlösen. Man muß sich in der Tat für einen Augenblick bewußt von der früh einsetzenden, schon biblischen Deutung des Todes Jesu „für uns" freimachen, um diese Formel in einem geläuterten Sinn neu übernehmen zu können. Zunächst: Die Passion den „Grund" der Menschwerdung zu nennen, das sucht den letzten Grund des Leidens Jesu in Gott bzw. in seinem Ratschluß. Der „Grund" des Leidens Jesu aber lag woanders: bei den religiösen Führern Jerusalems, die ihn ablehnten und schließlich bis aufs Blut haßten, da er nicht in ihr Konzept von Gott paßte. Tragisch genug, daß es also um zwei Gottesbilder ging, von denen sich eines auf Kosten eines Menschenlebens vordergründig durchsetzte.

Wenn wir den Ort Gottes, des Vaters, in dem tragischen Ereignis der Hinrichtung Jesu suchen, dann dort, wo Jesus seinen Vater suchte: auf seiner Seite, nicht auf Seiten der Vollstrecker. Gott der Vater ratifizierte nicht das Todesurteil der Gegner Jesu, sondern „hob" es in der Auferstehung des Hingerichteten „auf". Von daher öffnet sich das „für uns" seines Todes einer Deutung, die nachvollziehbar ist: Im Licht der Auferstehung Jesu stellt sich der Bund Gottes mit den Menschen als unumstößlich, als endgültig, als das Hoffnungszeichen aller Zeiten heraus.

Weil also eine unbedachte „Opfer"theologie im Kommunionkurs mehr Schaden anrichten müßte als sie gutmachen könnte, sollte man im Kommunionkurs von der Thematisierung des Opferbegriffs ganz absehen.

Es sollte deutlich geworden sein, daß die Akzente des Eucharistieartikels auf der „Einsetzung“ der Eucharistie, auf der ausschließlich „eucharistischen“ Gegenwart, auf dem „neuen“ Bund und auf dem Kreuzes“opfer“ einen Kommunionkurs mehr belasten müßten, als daß sie ihm förderlich wären. Gewiß zeigt der Blick auf die gängigen Kommunionkurse, daß sie sich meist mit diesen Problemen ohnehin nicht (mehr) herumschlagen. Das ist gut so. So sollte es aber auch bleiben – auch angesichts des neuen KKK, der nach den Worten Johannes Paul II. „als gültiges und legitimes Werkzeug im Dienst der kirchlichen Gemeinschaft“[27] und „als sichere Norm für die Lehre des Glaubens“[28] dienen soll. Eine zusätzliche Orientierung für die Kommunionkurse mag er da und dort liefern, aber nicht darindaß man ihm unkritisch in allem folgt. Als *einzige* Norm gar käme der KKK überhaupt nicht in Frage.

---

27 KKK, 34.
28 Ebd. 34.

Albert Biesinger

Eucharistie als Lehr- und Lernprozeß. Familienkatechese als innovativer Weg in der Sakramentenkatechese*

Das Verständnis der Eucharistie ist nicht lediglich eine Frage der Begriffe. Ob sich die Feier des Lebens, des Todes und der Auferstehung Jesu Christi in den Gemeinden theologisch adäquat realisiert, ist sehr wohl auch eine Frage nach dem Vollzug.

Deswegen sind theologische Argumentationsstränge in den verschiedenen theologischen Disziplinen aufeinander zu beziehen. Der Sakramentenkatechetik kommt in diesem Prozeß die Bedeutung der Reflexion und der Praxis der katechetischen Hinführung zur Eucharistie, aber auch der katechetischen Elemente innerhalb der Eucharistiefeier zu.

Der folgende Beitrag reflektiert einen neuen, in Lateinamerika schon längere Zeit, aber auch im deutschsprachigen Raum bewährten Weg der Eucharistiekatechese als Familienkatechese.

Es ist ein Unterschied, ob das kommunikative Umfeld der Kinder sich auf den Prozeß der Vorbereitung auf die Eucharistie einläßt oder nicht. Die Möglichkeiten der Partizipation der Familien am Weg ihrer Kinder und umgekehrt sind auch eucharistietheologisch relevant.

Insofern kommt der Thematik der Eucharistiekatechese im Rahmen dieses Symposions nicht eine Sonderstellung zu. Vielmehr ist die Frage der praktischen Realisierung eine integrative Problemstellung auch für bibeltheologisches und systematisch-theologisches Denken. Deutlich wird dabei auch, daß Eucharistiekatechese nicht lediglich eine „Anwendung" der eucharistietheologischen Aspekte in der Systematik oder Bibeltheologie ist. Vielmehr ergeben sich von den prak-

---

* Dieser Beitrag wurde auf diesem Symposion zum ersten Mal vorgestellt und diskutiert. Die wesentlichen Teile sind auch in der Theologischen Quartalschrift, 174 (1994) 120-135, unter dem Titel *Erstkommunion als Familienkatechese*, publiziert.

tisch-theologischen Herausforderungen Rückfragen an die anderen Disziplinen.

In einem „pueblo joven", einer Pfarrgemeinde im Wüstengürtel von Lima, in der es weder eine Wasser- noch eine Gesundheitsversorgung oder Bildungsmöglichkeiten gibt – deutlicher gesprochen, in einem „Elendsviertel" –, leiten „parejas guías" (leitende Elternpaare) die Eltern der Gemeinde an, ihre Kinder selbst auf die Erstkommunion vorzubereiten. Aus den Gruppen von etwa 50 Familien, die diesen Weg der Katechese erleben, bleiben am Schluß 35 Familien übrig, die wiederum andere Eltern im nächsten Jahr begleiten, ihren eigenen Kindern die Beziehung zu Gott auf diese Weise zu erschließen. Dieser Weg der Erstkommunionvorbereitung als Familienkatechese, die bei den Eltern ansetzt, wirkt wie ein „Schneeballsystem"; nach drei Jahren ist es in der 180 000 Menschen umfassenden Pfarrei mit nur einem Priester zu einer eigenständigen Dynamik gekommen. Die Eltern werden immer mehr von sich aus aktiv, weil sie „catequesis familiar" als Hilfe erleben, gegenseitig Lebens- und Glaubenserfahrungen auszutauschen, mit anderen gemeinsam zu lernen und solidarisch zu teilen. Vertrauen und gegenseitiger Respekt wachsen im Elendsviertel, alltägliche Fragen des Überlebens und der Erziehung der Kinder, die Entwicklung der eigenen Persönlichkeit und der Paarbeziehungen sind integrativer Bestandteil dieses katechetischen Weges.

„Trotz mancher Fehler und Begrenzungen ist die beste Katechese die Familienkatechese", so ein leitendes Ehepaar in einem Interview mit mir im März 1993 in Lima. In ihrem Elendsviertel wurde ansatzweise erreicht, daß durch den Weg von „catequesis familiar" kirchliche Basisgemeinschaften (comunidades eclesiales de base) entstehen. Familienkatechese ist in den Prozeß der Gemeindebildung integriert – schließlich geht es in der Katechese um die Gottesbeziehung nicht nur der einzelnen, sondern auch in der Gemeinde.

I. Katechese als Lehr- und Lernprozeß mit Erwachsenen

Unter Katechese verstehe ich die Erschließung der Gottesbeziehung als Lehr- und Lernprozeß in den verschiedenen biographischen und gesellschaftlichen Situationen des Menschen. Offenbarungstheologisch ist Katechese die Erschließung des Ant-Wortaktes auf die Zuwendung Gottes unter den Dimensionen von Lehren und Lernen[1].

Die Tradition, daß Katechese vorwiegend Anfangsunterricht für Kinder und Jugendliche ist, mag mit dazu beigetragen haben, daß Elternkatechese als Aufgabe der Gemeinde vernachlässigt wurde. Es wäre vor dreißig Jahren unmöglich gewesen, wenn ein Pfarrer – bis auf die Ausnahmeregelung der Frühkommunion – die Vorbereitung der Kinder auf die Erstkommunion aus der Hand gegeben und in die Hand der Eltern gelegt hätte. Nicht umsonst gehen derzeit in den Gemeinden die Veränderungen mit massiven Konflikten einher, wenn Eltern zugemutet wird, Katechese mit den eigenen Kindern selbstän-

---

[1] Für wertvolle Diskussionsanregungen danke ich meinen Mitarbeitern Dipl. Theol. Christoph Schmitt und Dipl. Theol. Marc Reutter, Tübingen. Wesentliche Anregungen für den Begriff von Katechese verdanke ich Johann Baptist Hirscher, der Katechese als Mitteilung des Wortes einerseits und Vollziehung des Wortes andererseits definiert. Vgl. J.B. Hirscher, Katechetik, oder: Der Beruf des Seelsorgers, die ihm anvertraute Jugend im Christentum zu unterrichten und zu erziehen, nach seinem ganzen Umfange dargestellt, Tübingen 1831. Vgl. zur Relevanz des Ansatzes von J.B. Hirscher: A. Biesinger, Katechetische Argumentationsstränge bei J.B. Hirscher, in: G. Fürst, Hg., Glaube als Lebensform, Mainz 1989, 61-76; ders., Zur Relevanz des katechetischen Ansatzes Hirschers für die gegenwärtige katechetische Situation, in: ebda., 115-127; ders., Die Gottesbeziehung – ein lebenslanger Lernprozeß, in: ThQ 173/1993, 33-50; W. Kasper, Jesus der Christus, Mainz ^{5}1976, 83-144; M. Seckler, Der Begriff der Offenbarung, in: HFTh II, 67; H.P. Siller, Handbuch der Religionsdidaktik, Freiburg 1991, 172, 195, 202; Th. Schreijäck, Bildung als Inexistenz. Elemente einer theologisch-anthropologischen Propädeutik zu einer religionspädagogischen Bildungstheorie im Denken Romano Guardinis, Freiburg i.Br. 1989, 192ff; H. Waldenfels, Kontextuelle Fundamentaltheologie, Paderborn 1985, 414; J. Moltmann, Der gekreuzigte Gott, München 1972, 218. Zur historischen Entwicklung des Begriffes „katecheo“ vgl. A. Exeler, Wesen und Aufgabe der Katechese. Eine pastoralgeschichtliche Untersuchung, in: UTS 21, 1966, 223-232, bes. 227.

dig zu realisieren. Die Abwehrmechanismen sind deutlich. Es handelt sich dabei um Innovationsbarrieren, die sich immer dann aufbauen, wenn alte Denkweisen und Vorstellungen von Gemeinde in Frage gestellt und althergebrachte Muster verändert werden. Es hat sich weithin die Auffassung durchgesetzt, daß dann, wenn es der überlastete Pfarrer – der immerhin dafür bezahlt werde – nicht mehr alleine schaffe, wenigstens Spezialisten eingeschaltet werden sollten, die sich Katechese zutrauen. Manche Eltern gehen sogar soweit, daß sie diesen Tischmüttern und -vätern etwas bezahlen würden, wenn sie ihnen nur diese Aufgabe abnehmen würden[2].

Diese auf subtile Weise normativ wirkende Kraft des Faktischen darf aber nicht dazu führen, daß durch die Fixierung auf traditionell vorgegebene, bisweilen sehr pragmatisch durchgeführte Konzepte der Erstkommunionkatechese innovative, theologisch fundierte neue Wege erst gar nicht gesucht und praktiziert werden: Katechese mit allen Eltern von Erstkommunionkindern als Erwachsenen- und Familienkatechese ist eine zentrale Aufgabe kirchlicher Erwachsenenbildung.

Wenn man den Prozeß der Sakramentenkatechese am Beispiel der Erstkommunion in den Gemeinden empirisch fundiert analysiert, dann ist im Bereich der Elternkatechese als einem Teil der kirchlichen Erwachsenenbildung ein erstaunliches Maß an Defiziten zu konstatieren. Reflektiert man kirchliche Erwachsenenbildung theoretisch, dann muß eine solche Theorie „die Lernprozesse des Glaubens in Gemeinde, Theologie und lehrender Kirche kritisch erhellen und Kategorien für das Zueinander und Miteinander dieser Prozesse entwerfen", sowie „die Ergebnisse aus dem Praktischwerden der Reflexionsstruktur überprüfen und in der Rückkoppelung in die eigene Theorie einbeziehen"[3]. Praktische Theologie ist nicht gleichzusetzen mit Rezeption von Ergebnissen der systematischen Disziplinen.

Im folgenden möchte ich, ausgehend von der kritischen Analyse vorfindlicher Praxis, einen ideologiekritischen Argumentationsgang der Findung und Begründung eines revidierten Praxismodells entwikkeln. Dabei sind sowohl theologische als auch erwachsenenbildungstheoretische Kriterien zu diskutieren, die einen solchen Neuansatz fundieren. Ich argumentiere in folgenden Schritten: Zum einen

---

[2] Im deutschen Sprachgebrauch hat sich für den Begriff der Kommunionmütter (bzw. -väter) der Begriff Tischmütter (bzw. -väter) eingebürgert.

beschreibe ich (II) den Ansatz des lateinamerikanischen Konzeptes „catequesis familiar", der nicht nur für die lateinamerikanische Situation, sondern analog auch für Europa relevant ist. Darauf aufbauend geht es (III) um eine Erörterung dieses Konzeptes auf der Diskussionsebene der kirchlichen Erwachsenenbildung. Das Schlußkapitel (IV) beschäftigt sich mit Möglichkeiten der Realisierung im deutschsprachigen Raum.

Dieser Argumentationsgang versteht sich als theoriegeleitete gemeindekatechetische Praxisrevision, die als Handlungsforschungskonzept in den vergangenen zwei Jahren von meinem Forschungsteam gemeinsam mit Gemeinden in Lateinamerika und in Deutschland erarbeitet wurde. Manche Problemstellungen müssen heuristisch formuliert werden, weil breit angelegte empirische Untersuchungen noch ausstehen. Bereits vorliegende Begleitforschungen auf heuristischer Ebene zeigen allerdings, daß damit eine Weiterentwicklung der Theorie und Praxis der Familienkatechese im deutschsprachigen Raum zu erwarten ist.

Die Möglichkeiten einer revidierten Praxis der Sakramentenkatechese sind im Dialog mit lateinamerikanischen Erfahrungen gerade nicht zu kopieren. Dies wäre auch im Sinne der lateinamerikanischen Vorgehensweise „Sehen-Urteilen-Handeln" inkonsequent. Ein Konzept von Elternkatechese im Kontext der Erstkommunionvorbereitung muß von den europäischen Analysevoraussetzungen ausgehen, die durch die Begriffe Aufklärung, Subjekthaftigkeit, Individualität, Industrie- und Mediengesellschaft gekennzeichnet sind.

II. Das Konzept Catequesis familiar als Erwachsenenkatechese

Die bisher üblichen Modelle, die sich in der Erstkommunionkatechese vor allem an Kinder wenden, greifen deswegen zu kurz, weil die Kinder von ihrem familiären Kontext, der auf religiöse Symbolbildung und

---

[3] G. Biemer, Das Methodenproblem, in: HRP 2, Gütersloh 1974, 287-308, 305. Vgl. W. Klafki, Erziehungswissenschaft als kritisch-konstruktive Theorie. Hermeneutik-Empirie-Ideologiekritik, in: ZP 17 (1971), 351-385; G. Biemer, in: G. Biemer, A. Biesinger, Theologie im Religionsunterricht, München 1976, 24-28.

Praxis in diesem Alter signifikant Einfluß nimmt, weitgehend abgekoppelt bleiben.

Die in Chile entstandene Konzeption der „catequesis familiar" ist im Bereich der Katechese eine wesentliche Innovation – sowohl in der Sakramenten- als auch in der Erwachsenenkatechese –, weil Elternkatechese Priorität hat. Die Eltern der Erstkommunionkinder treffen sich mit einem leitenden Elternpaar über zwei Jahre hindurch regelmäßig in einer festen Gruppe. Ausgangspunkt und Zielgruppe von „catequesis familiar" ist die Familie. Vom Ansatz her wird auf die Beteiligung beider Elternteile in den wöchentlichen Versammlungen abgehoben[4]. Auch in Chile ist das eine besonders schwierige Aufgabe, die von den Gruppenleitern viel Phantasie und Einfühlungsvermögen fordert, um auch die Väter zur Teilnahme an diesem Konzept zu bewegen. Während sich zu Beginn der siebziger Jahre fast ausschließlich Frauen für diese Form der Erstkommunionvorbereitung begeistern konnten, hat sich im Bereich der Mittelschichten die Beteiligung der Väter seither immer mehr verbessert.

Catequesis familiar ist Katechese von Laien mit und für Laien. „Das Vertrauen in diese Laien ist zum Schlüssel für eine Evangelisation des Familienlebens geworden."[5] Schematisch dargestellt sind folgende Interaktionsprozesse für die „catequesis familiar" konstitutiv[6]:

---

[4] Vgl. C. Decker, Catequesis Familiar. Su Metodología, Santiago de Chile, ²1988, 20.

[5] E. Garcia Ahumanda, Catequesis Chilena Postconciliar, 1966-1986, Santiago de Chile 1989, 51.

[6] L. Schmidt, Der Leiter der Gruppen von „catequesis familiar" auf nationaler Ebene in Ecuador, Arzobispado Guayaquil, wies im Interview mit mir im März 1993 auf die Frage, wie man zu den jugendlichen Animadores kommt, die die Kindergruppen leiten, auf die Firmlinge hin, die damit gleich nach der Firmung eine entsprechende Aufgabe bekommen. Die Animadores wiederholen den katechetischen Stoff mit den Kindern, den diese in der vergangenen Woche mit ihren Eltern zu Hause schon einmal durchgearbeitet haben und erklären diesen von einem anderen Blickwinkel, von einer anderen Schriftstelle her. Der Weg ist biblisch orientiert – nicht zuletzt auch, um mit den biblizistischen Sekten konkurrieren zu können. Die Kinder singen ein Lied, das sich mit dem katechetischen Inhalt befaßt, spielen möglicherweise die Bibelstelle bibliodramatisch und schreiben ein Dankgebet. Die Gebete werden vorgetragen. Die

(1) Leitende Elternpaare (Parejas guías)

(2) Eltern der Erstkommunion kinder

Katechetisches Leitungsteam „Asesores“ der Gemeinde

(4) Jugendliche Gruppenleiter (Animadores)

(3) Gruppen der Erstkommunion-kinder

Kinder sollen selbstverständlich beten lernen. Der katechetische Stoff wird weitgehend spielerisch umgesetzt, mit Spielen, die z.B. den Wert der Nächstenliebe hervorheben.

„Die drei Pfarreien, die ich geleitet und aufgebaut habe, habe ich vor allem durch Familienkatechese aufgebaut.“ (L. Schmidt) Aus den Gruppen, die Familienkatechese selbst kennen, sind leicht Leute dafür zu gewinnen, die mit anderen wieder Familienkatechese praktizieren. Wenn in einer Pfarrei die Familienkatechese gut eingeführt wurde, empfiehlt sie sich selbst weiter. L. Schmidt weist auf Catechesi tradendae hin, wo in Nr. 68 ausdrücklich die Familienkatechese gefordert wird.

Bischof Lorenzo Leon beurteilt als Vorsitzender der katechetischen Kommission der Peruanischen Bischofskonferenz die Entwicklung von „catequesis familiar“ insofern positiv als in den Pfarreien, in denen diese praktiziert wird, die Gemeindebildung intensiv angeregt und unterstützt wird (vgl. Interview in Huacho 1993). Von Chile aus hat sich das Konzept „Catequesis familiar“ in verschiedenen lateinamerikanischen Ländern eigenständig realisiert. Es liegen etwa für Peru, Bolivien und Ecuador selbständige Konzeptionen vor, die sich auch theologisch unterscheiden. Als wichtige peruanische Publikationen sind zu nennen: Catequesis familiar esperanza. Como iniciar la catequesis familiar. Für das hier schematisch dargestellte Interaktionsgeflecht von leitenden Elternpaaren, Eltern, Kindern und jugendlichen Gruppenleitern für die Kindergruppen sind jeweils entsprechende katechetische Materialien ausgearbeitet worden: Catequesis familiar. Carpeta (sc. „Materialheft“) del guia, ciclo 1; Carpeta de los padres, ciclo 2; Carpeta de la pareja guia, ciclo 2; Carpeta del

Die Eltern der Erstkommunionkinder reflektieren und vertiefen während der zwei Jahre in regelmäßigen Gruppentreffen ihren eigenen Glauben und unterweisen ihre Kinder **zuhause** selbst im Glauben. Diese Elternkreise oder -gruppen werden von „Leitenden Elternpaaren" geleitet (1 und 2 im Schema). Die Erstkommunionkinder werden durch ihre eigenen Eltern **zuhause** mit katechetischen Materialien vorbereitet; sie treffen sich wöchentlich in Kindergruppen, die von jugendlichen Gruppenleitern geleitet werden (3 und 4 im Schema). Asesores bilden die leitenden Elternpaare und die jugendlichen Gruppenleiter konsequent aus und begleiten sie bei ihrer Tätigkeit. Sie sind als Koordinatorinnen und Koordinatoren für die Leitung der gesam-

---

animador, ciclo 2; Cuaderno del niño, ciclo 1; Carpeta del animador, ciclo 1; Cuaderno del niño, ciclo 2. Wichtige weitere Materialien für Peru sind: Catequesis familiar; Catequesis familiar, evangelizar con algeria; Catequesis familiar, testamento y testimonio de Mons. German Schmitz, Lima 1991; La catequesis familiar. Que es?; Catequesis familiar, Carpeta de los padres, ciclo 1; Comisión episcopal de catequesis departamento catequesis familiar, Como responder a lo que nos pide nuestra Iglesia en la Pastoral y nuestra situación. Diese katechetischen Materialien sind in der Arbeitsstelle „catequesis familiar", avenida colonial 416, Lima erhältlich. Für Chile sind die Bände wichtig von W.J. Sperandio, La experiencia de dios en familia. Catequesis familiar, Santiago de Chile O.J.: I. Caviedes, Catequista: Eres persona! Para preparación personal de los catequistas, Santiago de Chile 1992. Für Bolivien liegen mir vor: Catequesis familiar. Carpeta de los niños; Catequesis familiar, Carpeta de los padres; Catequesis familiar, Carpeta del guia; Catequesis familiar, Carpeta del animador. Diese Materialien sind in der Arbeitstelle „catequesis familiar", Arzobispado, La Paz erhältlich. Für Ecuador sind wichtig die Materialien von L. Schmidt, Catequesis familiar, Libro de guias; Catequesis familiar, Libro de animadores; Catequesis Libro de niños I u. II; Catequesis familiar, Libro de padres I u. II. Diese Materialien sind in der Arbeitsstelle „catequesis familiar", Arzobispado, Guayaquil zu erhalten. Für eine theoretische Reflexion eignet sich: P. de la Herran/F. Corominas, Urgencia de la catequesis familiar, Madrid 1991. Zum handlungsorientierten Ansatz der lateinamerikanischen Verkündigung auf der Basis von Medellín 1968 und Puebla 1979: J. Sayer/A. Biesinger, Von lateinamerikanischen Gemeinden lernen, München 1988. Eine Reflexion aufgrund eigener Hospitation in einer Gemeinde in Peru bietet M. Scharer, Familienkatechese zwischen Ideal und Wirklichkeit. Zur peruanischen Praxis der „catequesis familiar", in: CPB 104 (1991) 44-45.

ten Katechesearbeit einer Pfarrei zuständig und halten auch überregionale Kontakte zu katechetischen Zentren und zu den einzelnen Diözesen.

Die theologischen Grundlagen für diesen Neuansatz wurzeln in den sechziger Jahren und sind nicht nur vom Ergebnis des II. Vatikanischen Konzils abhängig. Bereits 1962 hat Pater Gustavo Ferraris S.D.B.[7] eine Katechese gefordert, die sich in der Familie realisiert. Mitte der sechziger Jahre entwickelte sich das Konzept zunächst analog zu dem Modell „Kommunionmütter" bei uns, bei dem eine Mutter eine Gruppe von Kindern leitet. Ende der sechziger und Anfang der siebziger Jahre zeichnete sich ab, daß die Eltern selbst an Stelle der „Kommunionmütter" die Katechese ihrer eigenen Kinder übernahmen und dafür eine „Anleitung" bekamen. C. Decker sieht in dieser Entwicklung die Geburtsstunde der „catequesis familiar"[8].

Als im Jahre 1972 in Chile die Entscheidung fiel, den Schwerpunkt der „catequesis familiar" auf eine Glaubensbegleitung der Eltern selbst zu legen und ihren Kindern nicht nur wie bisher lediglich Kommunionmütter zuzuteilen, wurden folgende Argumente angeführt:

(1) Viele Kommunionmütter wirkten auf die Kinder so wie Lehrer, es fehle der aktuelle Bezug zu den eigenen Eltern. (2) Eine tatsächliche Erfahrung mit der Bekehrung zu Jesus Christus habe bei den Kommunionmüttern vielfach noch nicht stattgefunden. (3) Das Hauptanliegen von „catequesis familiar" sei die Evangelisierung der Erwachsenen und die Bildung christlicher Gemeinden sowie die Begleitung der Kinder auf dem Weg zum Erwachsenen: „Unsere größere Aufgabe dürften heute nicht die Kinder, sondern die Eltern sein."[9]

Bald konnte man die Erfahrung machen, daß die Beteiligung der Gemeindemitglieder in vielen Pfarrgemeinden auf diesem neuen katechetischen Weg intensiver wurde und immer mehr Christen ihre soziale Verpflichtung gegenüber der Welt entdeckten. Die Katechesebücher und der Lehr- und Lernprozeß wurden auf einen Zeitraum von zwei Jahren hin konzipiert. Die Thematiken des ersten Jahres, „Jesus

---

[7] „catequesis familiar", in: Renovadas Actas del IV Congreso Catequistico Nacional, Santiago de Chile 1962, 87.

[8] Vgl. Decker (s. Anm. 4) 8.

[9] Ebd. 10 (Übersetzung A. Biesinger).

Christus kennenlernen", und des zweiten Jahres, „Christliche Gemeinde bilden", wurden als Schwerpunkte bis heute beibehalten.

Inwiefern ein solches Konzept der theologischen Erwachsenenbildung oder der Erwachsenenkatechese zuzuordnen ist, soll in einer Zwischenreflexion geklärt werden.

„Erwachsenenkatechese" statt „Erwachsenenbildung" – Begriffsklärung

Von Erwachsenenkatechese statt Erwachsenenbildung zu sprechen muß begründet werden, denn immerhin könnte mit dem Begriff „Katechese" lediglich die Vermittlung extrinsezistischer Glaubensdoktrinen mit autoritativ eingefordertem kirchlichem Wahrheitsanspruch gemeint sein, die an Mensch und Gesellschaft des 20. Jahrhunderts vorbeidozieren, dabei könnten die Konsequenzen und Implikationen des neuzeitlichen Bildungsbegriffes aus dem Blick geraten. Die Anerkennung des Subjektes und seiner Vernunftautonomie sind als wesentliche Strukturvorgaben des katechetischen Diskurses gegen solche Tendenzen festzuhalten. Der christliche Begriff von Offenbarung realisiert sich schließlich auf dem Hintergrund seiner anthropologischen Implikationen, die auch und gerade durch Katechese den vernunftgemäß handelnden und in Freiheit Gott und den Menschen gegenüberstehenden Menschen anstreben und freizusetzen suchen.

D. Emeis und K. H. Schmitt[10] gehen davon aus, daß sich der Versuch einer theologisch-begrifflichen Differenzierung von (Gemeinde-)Katechese und (theologischer) Erwachsenenbildung für die Praxis auf der Ebene der Gemeinde bisher als wenig hilfreich erwiesen habe. Weil die Erwachsenenbildung – nicht zuletzt auch aufgrund der Annexion durch den Staat in den meisten Bundesländern und der damit einhergehenden Bindung an öffentliche Gelder – zu einer unspezifischen Breite geführt habe, sei es zu dieser Ausgrenzung von Gemeindekatechese gekommen. Deswegen fordern die Autoren eine inhaltliche Begriffsspezifizierung, die auf katechetische Handlungsdimensionen abhebt.

---

[10] Vgl. D. Emeis – K.H. Schmitt, Handbuch der Gemeindekatechese, Freiburg i. Br. 1986, 223-237.

Gemeindekatechese legt – mehr als die kirchliche Erwachsenenbildung – ihren Schwerpunkt auf **Gemeindebildung**; die theologische Erwachsenenbildung dagegen kann intensive Lebenshilfe für den einzelnen sein und kann bzw. muß somit in die konkreten Konfliktfelder der Gesellschaft (von Betriebsgruppen bis hin zu Obdachlosengruppen) hineinreichen[11]. Erwachsenenkatechese dagegen soll dazu beitragen, daß „eine Gemeinde zu gemeinsamem Zeugnis, zu gemeinsamer Feier und zu gemeinsamer Praxis des Glaubens kommt“[12].

(Gemeinde-)katechetisches Handeln ist vom **Lernziel** und vom **Lernort** her konsequenterweise unmittelbar auf Gemeinde bezogen. Die Lernorte der theologischen Erwachsenenbildung dagegen können in überregionalen Bildungshäusern, auf Dekanatsebene, in Akademien, in Industriebetrieben und Managertrainingszentren usw. gefunden werden. Gemeindekatechese und theologische Erwachsenenbildung stehen deswegen aber nicht in Konkurrenz zueinander, vielmehr können sie sich gegenseitig zum kritischen Korrektiv werden, indem sie die je spezifische Gefahr der Verengung oder Vereinseitigung anmahnen. Kirchliche Erwachsenenbildung steht pointiert für den pastoralen Grundsatz ein, die Kirche habe zuerst und selbstlos dem einzelnen Menschen und der Gesellschaft zu dienen und nicht sich selbst, es muß ihr also zuerst um Lebenshilfe (als „Hilfe zum Leben“) für den einzelnen gehen – wo immer dieser einzelne auch stehen mag –, sie hat sich entsprechend als Anwalt der freien, kritischen Auseinandersetzung zu verstehen und sich für die didaktischen Grundprinzipien der Freiwilligkeit, Partnerschaft und Freiheit der Meinungsäußerung einzusetzen. So kann sie die Gemeindekatechese vor einer allzu kurzschlüssigen Verfolgung des Ziels „Gemeindebildung“ bewahren und damit vor der Gefahr, die Lebenssituation des einzelnen nicht angemessen in den Blick zu nehmen und ihn möglicherweise vorschnell religiös zu vereinnahmen. Eine so verstandene Erwachsenenbildung

---

11 Für eine solche, den Menschen umfassend betreffende Erwachsenenbildung und Erwachsenenkatechese ist die Auseinandersetzung mit Leid in den verschiedensten Lebensphasen unerlässlich. Vgl. W.Groß – K.J.Kuschel, „Ich schaffe Finsternis und Unheil!“ Ist Gott verantwortlich für das Übel?, Mainz 1992.

12 Beschlüsse der Diözesansynode Rottenburg-Stuttgart 1985/86. Hrsg. v. Bischöflichen Ordinariat Rottenburg. Ostfildern ^{2}1986, 47.

kann an die in diesem Zusammenhang gegebene Gefahr erinnern, in katechetischen Kreisen eine künstliche religiöse Treibhausatmosphäre zu schaffen.

Umgekehrt kann die Gemeindekatechese die kirchliche Erwachsenenbildung davor bewahren, den notwendigen Gemeindebezug aus den Augen zu verlieren und die Zugänge zur christlichen Gemeinde zu vernachlässigen. Wenn kirchliche Erwachsenenbildung wirklich zur Einstellungs- und Verhaltensänderung im Sinne einer christlichen Lebensart führen will, diese christliche Lebensart aber letztlich der christlichen Gemeinde als Stützgemeinschaft bedarf, muß sie gemeindebildend wirken und einen Zugang zur christlichen Gemeinde ermöglichen. Gemeindekatechese bewahrt damit die theologische Erwachsenenbildung zugleich davor, nur den individuellen Bedürfnissen des einzelnen zu dienen und die Tatsache zu vernachlässigen, daß das eigentliche Ziel christlichen Glaubens das Leben und Handeln aus dem Glauben ist, d.h., Mensch und Kirche für andere zu sein. In diesem Begriffskontext ist das Konzept „catequesis familiar" ein katechetischer Ansatz, der intensiv Gemeindebildung anstrebt. Die Zuordnung der Familienkatechese zum Gemeindeaufbau und vor allem die Gründung von Gruppen kirchlicher Kinder- und Jugendarbeit, die aus den von jugendlichen Animadores geleiteten Kindergruppen entstehen, zeigt auf beeindruckende Weise den Wechsel der Perspektive.

Während nach der intensiven Phase der Erstkommunionvorbereitung lediglich mit „Tischmüttern" immer wieder von neuem die Frage entsteht, wie es nach der Erstkommunion konkret weitergehen soll, bildet sich über den Weg von „catequesis familiar" in den Gemeinden eine Vielzahl von überschaubaren Kleingruppen von Eltern, Kindern und Jugendlichen. Daß dieses Konzept kinderlose Menschen oder Menschen, die keine Kinder mehr zuhause haben, nicht zur Zielgruppe macht, ist kein Gegenargument; für sie sind analog Wege der Gruppenbildung und Begleitung zu suchen. „Catequesis familiar" ist unter dem Kriterium der Gemeindebildung eindeutig ein erwachsenenkatechetischer, im Blick auf das Handlungsfeld Familie ein spezifisch familienkatechetischer Ansatz.

III. Eltern als Katecheten – Glauben wird durch Handeln gelernt

In der neueren Diskussion zur Erwachsenenbildung und speziell zur theologischen Erwachsenenbildung wird die auf vorwiegend kognitive Dimensionen enggeführte katechetische Bildung kritisch hinterfragt. Johann Baptist Hirscher weist in seinem katechetischen Konzept immer wieder darauf hin, daß der Glaube im Vollzug gelernt wird. Konkret formuliert er im Blick auf die Gebetserziehung des Menschen: „Wirklich beten lernt er betend“[13]. Für die Erwachsenenkatechese, wie sie im Konzept von „catequesis familiar“ realisiert wird, sprechen wesentliche Aspekte und Postulate der neuesten Diskussion zur Erwachsenenbildung.

Auf der Basis mehrdimensionaler Lerndimensionen von Erwachsenenkatechese ist der Dreischritt „Sehen-Urteilen-Handeln“ elementar – sowohl im Bereich der Inhalte, in dem die Frage diskutiert wird, was vermittelt werden soll als auch im Bereich der Vermittlungsqualitäten. Letztere unterscheiden sich bezüglich ihres implizierten Menschenbildes. Der umstrittene Begriff der „Subjektorientierung“ in der Erwachsenenbildung – näherhin in der Erwachsenenkatechese – darf gerade angesichts des engen Gemeindebezuges weder subjektivistisch noch eklektizistisch mißverstanden werden. Vielmehr ist die Balance zwischen einer „selbstangeleiteten Glaubensrealisation“ (J. H. Newmann, R. C. Cohn) angesichts der mittlerweile „epidemisch“ auftretenden subjektivistischen Vorstellungen von Religiosität mit dem Glauben der Kirche als Glaubens**gemeinschaft** zu betonen und in der Katechese auszugestalten. Das wird dadurch möglich, daß die Fixierung auf Experten einer breiten Beteiligung aller Getauften und Gefirmten Platz macht[14] – wie dies im Konzept von „catequesis familiar“ der Fall ist. Auch und gerade für Erwachsene, die sich mit dem Glauben der Kirche nur sehr schwer identifizieren können, ist der Lehr- und Lernprozeß, den sie im Kontext von „catequesis familiar“ durch-

---

13 Hirscher (s. Anm. 1) 470.

14 Vgl. D. Emeis, Sakramentenkatechese, Freiburg i. Br. 1991; ders., Eltern als Katecheten, in: KatBl. 104(1979), 671-676, 672f; G. Biemer, Katechetik der Sakramente, in: Kleines Handbuch der Sakramentenpädagogik, Freiburg i. Br. ^{2}1983.

laufen, eine wichtige Wegbegleitung und Erneuerung. Die Spannung zwischen einem **zunächst** subjektiven Zugang des individuellen Glaubens und den elementaren Zügen des Glaubens der Kirche auszuhalten und nicht zu verdächtigen, ist eine wesentliche Grundoption von „catequesis familiar". Wie anders könnten sonst Eltern, die in ihrer Glaubenspraxis und in ihrer identifikativen Nähe zur Kirche zum Teil erhebliche Brüche erleben, auf einen solchen Weg mitgenommen werden, könnte ihnen ein solcher Weg zugemutet werden?

Im Ansatz von „catequesis familiar" hat Erwachsenenkatechese bezeugenden und bekennenden Charakter. Er vertritt einen handlungsorientierenden und handlungsorientierten Ansatz von Erwachsenenbildung. Der kommunikative Charakter kann handlungstheoretisch als Sprachhandlung des Glaubens beschrieben werden. „Der Glaube ist in sich selbst eine Praxis, die als Praxis, also im konkreten kommunikativen Handeln, Gott für die anderen behauptet und im Handeln zu bewähren sucht."[15] Als Subjekte werden Eltern **und** Kinder so begleitet, daß sie sich im Blick auf das Geheimnis ihres Lebens „selbst leiten" können. Es handelt sich um einen Lehr- und Lernprozeß, der die Persönlichkeitsentwicklung, die Glaubenskompetenz, Einstellungen und Motive und die eigenen Bedürfnisse nach Sinnerfahrung integriert. Eine solche Grundbefähigung zum Zeugnis für den christlichen Weg ist im Kontext kirchlicher Erwachsenenkatechese nicht ein restauratives Anliegen, ich sehe darin vielmehr ein offensives, zukunftsfähiges Postulat.

Derzeit werden große Gruppen von Kindern und Jugendlichen von ihren Eltern um die Beziehung zu Gott dadurch ‚betrogen', daß die Eltern entweder nicht die Befähigung und den Mut haben oder aber die in ihrer Biographie erlittenen Störungen einer fragwürdigen religiösen Erziehung nicht so bearbeiten konnten, daß sie ihren Kindern trotzdem eine glückende Gottesbeziehung erschließen können. Die Bearbeitung solcher Störungen, von Mutlosigkeit und von der Selbsteinschätzung, für religiöse Erziehung nicht kompetent zu sein, muß als zentrale Herausforderung für die kirchliche Erwachsenenbildung begriffen werden[16].

---

[15] E. Arens, Bezeugen und Bekennen. Elementare Handlungen des Glaubens, Düsseldorf 1989, 402.

[16] Vgl. A. Biesinger, Kinder nicht um Gott betrügen. Anstiftungen für Väter und Mütter. Freiburg i. Br. 1994, 69f.

Ein solches handlungsorientiertes Konzept als Sinnrealisierung hat konkrete Ausgangspunkte. Die Sinnfrage wird oft in typischen Situationen gestellt, die „nahezu ausnahmslos durch eine Irritation des bisherigen, eingespielten Lebensvollzuges eines Menschen gekennzeichnet" sind[17]. Sie richtet sich auf ein umfassend vermeintes Ziel, einen umfassend vermeinten Zusammenhang und auf eine Aktivierung im Hinblick auf den subjektiven Handlungsraum: „Die Realisierung seiner selbst als handlungsfähig ... ist in fundamentaler Weise sinnstiftend."[18]

Durch den Lernprozeß „catequesis familiar" können sich Eltern mit ihren Kindern neu orientieren, sie erleben sich als handlungsfähig angesichts der bevorstehenden Erstkommunion mit ihren Sinngehalten und Herausforderungen im konkreten Handlungsraum der eigenen Familie. E. Meueler stellt eine fortschreitende Entwicklung im Erwachsenenalter fest, die „zumeist als krisenhaft erlebte ständige Veränderung des Erlebens und Verhaltens gekennzeichnet"[19] ist. Die Störungen aus der eigenen Biographie, auch die eigene religiöse Sozialisation, hinterlassen im Menschen „tiefsitzende strukturelle Verarbeitungsformen" als „kognitive Tiefenstrukturen"[20]. Die erwähnte „Irritation des bisherigen, eingespielten Lebensvollzuges" ist für die Erwachsenenbildung deswegen von großer Bedeutung, weil es neben dem theologischen Alltagsbewußtsein auch Lebenslagen gibt, in denen Deutungsmuster und Strukturen fragwürdig werden oder zusammenbrechen und in denen der Betroffene für eine produktive Weiterentwicklung offen sein kann. Ausschlaggebend muß dabei die Richtung sein, die der Erwachsene selbst andeutet[21].

---

[17] Th. W. Köhler, „Anerkennung unverfügbarer Daseinskontingenz" und Lebenssinn. Überlegungen zur Sinnfrage im Anschluß an einen Vorschlag H. Lübbes, in: SJP 23, 1988, 57-81, 77. Vgl. auch ders., Die Sinnfrage in wissenspsychologischer Perspektive, in: Jahrbuch der Universität Salzburg 1981-1983, Salzburg 1984, 9-22; A. Biesinger, Dignificación. Glauben als Beziehungswissen, in: A. Biesinger, G. Biemer, Das Geheimnis erspüren – zum Glauben anstiften, Freiburg i.Br. 1989, 116-134.

[18] Ebd. 77f.

[19] E. Meueler, Erwachsene lernen, Stuttgart ^{3}1991, 26.

[20] Ebd.

[21] Vgl. K.E. Nipkow, Bildung als Lebensbegleitung und Erneuerung, Gütersloh 1990, 600. Solche Irritationen können sich auch auf kognitive reli-

Entwicklungspsychologisch ist davon auszugehen, daß auch das Erwachsensein ein Prozeß ist, der in bestimmten Phasen abläuft[22]. Bildungsanthropologisch gilt, daß die verschiedenen Phasen als gleichwertig zu betrachten sind; „jedes Lebensalter hat besondere Chancen und Aufgaben, bestimmte Werte von Sein und Dasein auszuprägen. Keine Lebensphase kann von der anderen abgeleitet werden“[23]. Spitzt man die Thematik zu, dann kann man sagen: „Bildung entsteht, weil das Leben der Menschen auch während des Erwachsenseins ständig neue Probleme und Aufgaben stellt, die sinnvoll nur in resoluter Geistbestimmtheit, in sachlicher und offener Daseinsanalyse, bewältigt werden können. Erwachsenenbildung bekommt somit eine geradezu universale Bedeutung und Funktion; sie ist Lebenselexier, constituens und definiens des Erwachsenseins. Frühere Sinngebungen – wie etwa die, Bildung sei eine Art des geistigen Luxus ... oder Bildung sei eine Form geistiger Nothilfe für die im Leben Zu-kurz-Gekommenen – werden hinfällig.“[24] Die Vorstellung, das Erwachsensein sei die höchste Form des Menschseins, muß aufgegeben werden: „Die Wahrheit ist, daß jeder menschliche Lebensabschnitt, wenn er in seiner Sinnhaftigkeit erfüllt wird, vollwertiges Leben ist.“[25] Deswegen können auch die einzelnen in den Altersphasen abgebildeten Lebensgestalten und Wertfiguren nicht deduktiv voneinander abgeleitet werden[26].

---

giöse Deutemuster beziehen. J.W. Fowler hat in seinen Arbeiten darauf hingewiesen; ders., Stufen des Glaubens. Die Psychologie der menschlichen Entwicklung und die Suche nach Sinn, Gütersloh 1991; ders., Glaubensentwicklung: Perspektiven für Seelsorge und kirchliche Bildungsarbeit, München 1989. Vgl. auch F. Schweitzer, Lebensgeschichte und Religion. Religiöse Entwicklung und Erziehung im Kindes- und Jugendalter. München 1987; K.E. Nipkow, F. Schweitzer, J.W. Fowler (Hg.), Glaubensentwicklung und Erziehung, Gütersloh 1988.

[22] Vgl. F. Pöggeler, Erwachsenenbildung. Einführung in die Andragogik, in: Handbuch der Erwachsenenbildung Bd.I, Stuttgart u.a. 1974, 38; v.a. 41-45. Aufriß und Kritik der klassischen Entwicklungstheorien bietet A. Flammer, Entwicklungstheorien, Bern-Stuttgart-Toronto 1988. Weitere kritische Auseinandersetzungen finden sich in P.H. Miller, Theorien der Entwicklungspsychologie, Heidelberg-Berlin-Oxford 1993.

[23] Pöggeler (s. Anm. 24) 38.

[24] Ebd. 39

[25] Ebd. 41.

[26] Vgl. ebd. 42.

„Bildung ist ... nicht Vorbereitung auf späteres Leben, sondern ist die Art und Weise, ein kompliziert gewordenes Leben in der modernen Gesellschaft nach dem Gesetz der Vernunft zu führen. Lebenlernen und Lebensvollzug sind in der modernen Erwachsenenbildung kongruent geworden. Sie versteht sich daher als ‚éducation permanente', als ‚life-long-learning', als ein constituens des immer neu aktivierten Erwachsenenseins."[27] „Catequesis familiar" ist nach diesen Überlegungen ein situativ orientiertes Lernkonzept, das Menschen befähigt, die Sinngehalte der Erstkommunion als Neuorientierung zu realisieren und gerade nicht der Stagnation zu verfallen[28].

Wenn es ein Spezifikum kirchlicher Erwachsenenbildung ist, religiöse Erfahrung als eine „bestimmte Erfahrung mit aller Erfahrung" zu verstehen, entsteht sie in Erschließungssituationen, d.h. in Situationen, „in denen neue grundlegende Einsichten gewonnen werden"[29]. Religiöse Erfahrungen haben Widerfahrnischarakter, d.h. sie können nicht hergestellt werden. Sie erfordern „die Kompetenz, Erfahrung symbolisch zu deuten und zu verarbeiten. Erfahrungen vermitteln sich durch Symbole."[30]. Zugleich ist religiöse Erfahrung soziale Erfahrung, die religiösen Symbole zur Verarbeitung von Erfahrungen werden in gemeinsamen Sprachspielen ‚gelernt'. Die zentrale Grundaufgabe

---

[27] Ebd. 46.

[28] Vgl. F. Oser, Religöse Entwicklung im Erwachsenenalter, in: M. Böhnke (Hrsg.), Erwachsen im Glauben, Stuttgart 1992, 67-87. Oser exemplifiziert verschiedene Stagnationsmuster auf dem Hintergrund eines fünfstufigen Schemas der religiösen Entwicklung: (1) Die Bedingungen für die Möglichkeit der Weiterentwicklung fehlen (keine Notwendigkeit). (2) Eine erlernte kindliche Sichtweise wird verabsolutiert (romantische Verklärung der eigenen Biographie). (3) Nichtreligiöse Erklärungen genügen, um Kontingenz, Zufall und Theodizee zu erklären und zu erhellen (entstehen von atheistischen Ersatzstücken, die die Funktion des Religiösen übernehmen, da sie äquivalent erscheinen. Hier gilt es zu unterscheiden zwischen der Negierung der Kirche selbst und dem Atheismus, hier wiederum zwischen areligiösen und religiösen Atheisten). (4) Bewußt oder unbewußt wird die Entwicklung durch unreflektiertes Aufoktroyieren verhindert. Kirchliche Einkapselung stört die Entwicklung hin zu einer universalistischeren Sicht und Position. (5)

[29] J. Lott, Erwachsenenbildung, in: Handbuch Religion Bd. II, Stuttgart 1984, 156-159. 157.

[30] Ebd.

der kirchlichen Erwachsenenbildung liegt also darin, „die im Alltagsleben destruierten Erfahrungen mit Hilfe der kreativen, inspirierenden und verändernden Kraft religiöser und poetischer Sprache in elementaren Reflexionen zu rekonstruieren und zu erneuern, um damit die Erfahrungsfähigkeit wieder zu fördern"[31]. Damit kommt es zur zentralen Aufgabenstellung für die Erwachsenenbildung, „nach den Wirkungen von Religion in unseren konkreten Lebensgeschichten zu fragen, den Teilaspekt ‚Religion' und das religiöse Bezugsfeld von Erfahrungen, Situationen und Konflikten der Teilnehmer an Erwachsenenbildungsveranstaltungen zu thematisieren"[32].

Für eine Würdigung des erwachsenenkatechetischen Konzeptes von „catequesis familiar" sind diese Überlegungen insofern von Bedeutung, als die Eltern in dieser konkreten Phase des Erwachsenenalters mit ihren Kindern, die zur Erstkommunion gehen, in eine spezifische Herausforderung geraten. Es werden einerseits Ansprüche an sie formuliert und zum anderen haben sie aufgrund des Interaktionsfeldes „Erstkommunion" die Möglichkeit, mit ihren Kindern in einer spezifischen Qualität zu kommunizieren und in diesem Kommunikationsvorgang auch gemeinsame religiöse Symbole und Bedeutungsgehalte zu erleben.

Deutekategorien durch Kommunikation

Mit H. Peukert ist darauf hinzuweisen, daß die „Fähigkeit von Subjekten zum Erwerb und zur Wahrung von Identität in Interaktion" Bedingung der Möglichkeit von Kommunikation ist. Es ist also bei dem konkreten Individuum und seinen Möglichkeiten anzusetzen und nicht bei den theoretisch bereits vorausentwickelten Regeln und Strukturen. Die Wahrnehmungsmöglichkeiten der Individuen im Blick auf die Symbolbildung (Brot und Wein als Zeichen der Verwandlung der Gemeinde und der Welt durch Jesus Christus) ist kommunikative Herausforderung im katechetischen Prozeß[33]. Entwicklungspsycho-

---

[31] Ebd. 158.

[32] Ebd. 159.

[33] Vgl. H.Peukert, Wissenschaftstheorie – Handlungstheorie – Fundamentale Theologie. Analysen zu Ansatz und Status theologischer Theoriebildung, Düsseldorf [1]1976, 240.

logische, soziale und spezielle soziologische Problemkreise wie Sozialisationsforschung und Interaktionsforschung – v.a. der symbolische Interaktionismus – gehen davon aus, daß Handeln immer in Interaktion gelernt wird. Dies ist durch das sehr differenzierte Interaktionsgeflecht im Ansatz von „catequesis familiar“ als grundlegendes Prinzip erkannt. Handeln wird durch Handeln gelernt. Dies gilt auch für den Erwerb von religiösen Deutekategorien und der Erschließung von religiösen Handlungen. Im Interaktionsfeld von „catequesis familiar“ konstituieren Menschen ihre Wirklichkeit durch ihre eigene interaktive Leistung neu, indem sie sich als Erwachsene gemeinsam mit ihren Kindern Deutekategorien entwickeln wie „Jesus hält Mahl mit seiner Gemeinde als Zeichen des angebrochenen Reiches Gottes“, „Gott stiftet Heil, indem er in den Zeichen von Brot und Wein die Menschen und die Welt verwandelt“, „Jesus Christus stiftet Beziehung zu sich und unter den Menschen, indem er sich radikal in diese Beziehung hineingibt“, „Jesus Christus geht durch Tod und Auferweckung den Weg des neuen Lebens für die gesamte Menschheit“[34]. Diese Deutekategorien konstituieren tatsächlich eine neue Dimension von Wirklichkeit. Damit verändert sich auch die biographische Identität, indem sie kommunikative Handlungsfähigkeit hinzugewinnt und sich selbst und das eigene Kommunikationsfeld mit neuen Deutekategorien interpretieren kann. Dies bewirkt biographische und gesellschaftliche Veränderung, wie die Erfahrungen mit diesem Interaktionskonzept „catequesis familiar“ sowohl in Lateinamerika als auch in deutschsprachigen Gemeinden zeigen. Menschen gewinnen neue Kriterien für ihr Leben. Dazu bedarf es allerdings reziprok-reflexiver Kommunikation, die in den katechetischen Prozessen zwischen den leitenden Elternpaaren und allen Eltern, den Eltern und ihren Kindern in der eigenen Familie, sowie der Kinder in ihrer Kindergruppe mit ihren jugendlichen Gruppenleitern angestrebt werden[35].

Im Blick auf den Einwand, daß man doch nicht allen Eltern diese Aufgabe zumuten könne, bzw. daß viele Eltern nicht genügend glau-

---

[34] Vgl. A. Gerken, Theologie der Eucharistie, München 1973; B.J. Hilberath, „Substanzverwandlung“ – „Bedeutungswandel“ – „Umstiftung“. Zur Diskussion um die eucharistische „Wandlung“, in: Catholica 39(1985), 133-150; W. Kasper, Einheit und Vielfalt der Aspekte der Eucharistie, in: ders., Theologie und Kirche, Mainz 1987, 300-320.

[35] Vgl. Peukert (s. Anm. 34) 255.

ben, um mit ihren eigenen Kindern Katechese zu realisieren, ist festzuhalten, daß zunächst jeder, „der Argumente vorbringt, ja der überhaupt schon mit der Intention auftritt, Kommunikation aufzunehmen, ... als Partner akzeptiert werden“[36] muß. Umgekehrt muß den Eltern abverlangt werden, daß sie sich in ihrem kommunikativen Handeln auf normative, ideale Kriterien und auf kommunikable Glaubensverständnisse über Eucharistie verpflichten. Im Handeln selbst wird das, was sein soll, Schritt für Schritt einsichtig. Von daher gesehen muß theologische Elementarisierung und theologische Reflexion in diese spezielle Praxis kommunikativen Handelns bei „catequesis familiar“ kritisierend, stimulierend und integrierend eingebracht werden. Die zu erlernenden eucharistischen Deutekategorien sind möglicherweise eine Kritik an dem, was biographisch-geschichtlich realisiert wurde und wird. Es bedarf also eines Vorgriffs auf eine anzustrebende symbolische Kommunikation, eine „formale Antizipation richtigen Lebens“[37].

Dieser „Vorgriff auf etwas im Verlauf der Kommunikation zu Realisierendes“ gestaltet sich unter dem Theologoumenon der Reich-Gottes-Zusage Jesu und den damit verbundenen expliziten Anforderungen an das christliche Handeln zu einem konkreten Anspruch an die jeweiligen Kommunikationspartner im Kommunikationsfeld „catequesis familiar“. Einerseits verstehen wir im Kontext christlichen Handelns das zugesagte Reich Gottes als ein ‚Geschenk‘ Gottes an uns Menschen, das uns zu einem dementsprechenden Handeln befreit, andererseits impliziert diese Zusage auch einen Anspruch an das konkrete Handeln des einzelnen Menschen, der sich dieser Kommunikationsgemeinschaft, in diesem Falle der Kirchengemeinde oder Basisgruppe, zugehörig nennt. Der Vorgriff auf das zu Realisierende impliziert eine direkte Aufforderung zum Handeln und meint – z.B. gemäß der Volk-Gottes-Theologie von „Lumen Gentium“ – jeden einzelnen Kommunikationspartner in seiner ganz speziellen und undispensierbaren Aufgabe[38]. Wesentliche Erkenntnisse der Sozialisations- und Familienforschung ebenso wie der Entwicklungspsychologie zeigen auf, wie wichtig für eine erfüllungsorientierte Religiosität die Eltern-Kind-Beziehungen sind.

---

[36] Ebd.

[37] Ebd. 260.

[38] Vgl. v.a. LG 10 und 11.

Anleitung zur Selbstanleitung

Kommunikative Kompetenz hat also ihre Wurzeln in der Familie und von daher ist die Kompetenz der Eltern im katechetischen Bereich höchst bedeutsam. Kommunikative Kompetenz erlangen Kinder nun einmal dort, wo sie dafür entsprechende Kommunikationsbedingungen vorfinden. Dies schließt nicht aus, daß Familien Teilfamilien sein können, die ideale Familie existiert gerade nicht, um so mehr sind die Bedingungen der real existierenden Familien (Alleinerziehende, Rückzug der Väter aus dem Erziehungsgeschehen, Berufstätigkeit beider Elternteile aufgrund finanzieller Engpässe usw.) im Prozeß von „catequesis familiar“ nicht auszugrenzen, sondern als konstitutive Faktoren in den Prozeß der Katechese zu integrieren. Gerade mit alleinerziehenden Eltern sind die Erfahrungen im Prozeß von „catequesis familiar“ günstig, weil dieser Weg auf die Gebrochenheit und das Scheitern von Beziehungen vom Ansatz her eingeht.

„Catequesis familiar“ arbeitet der Stagnation religiöser Entwicklung im Erwachsenenalter nicht zuletzt auch dadurch entgegen, daß neue Notwendigkeiten und Ansprüche formuliert werden, die eine solche Entwicklung einleiten.

Handlungsorientierte Ansätze der kirchlichen Erwachsenenbildung unterstützen das Konzept von Catequesis familiar insofern, als es um einen Lehr- und Lernprozeß geht, der die Eltern als Lehrende und Lernende in diesem Beziehungsgeflecht mit ihren eigenen Kindern zur Selbstleitung anleitet. Diese „Anleitung zur Selbstleitung“[39] ist eine

[39] Vgl. R.C. Cohn, Von der Psychoanalyse zur Themenzentrierten Interaktion, Stuttgart ^{5}1981, 120-128, 120f; vgl. A. Farau, R.C.Cohn, Gelebte Geschichte der Psychotherapie. Zwei Perspektiven, Stuttgart 1984, 352-373; R.C.Cohn, Es geht ums Anteilnehmen. Perspektiven der Persönlichkeitsentfaltung, („Sich zur eigenen Autorität und Fehlbarkeit bekennen“, Gesprächspartner: A.Biesinger/T.Schreijäck), Freiburg i. Br. 1989, 127-141; R.C.Cohn, C.Terfurth (Hrsg.) Lebendiges Lehren und Lernen. TZI macht Schule. Stuttgart 1993; C. Löhmer, R. Standhardt (Hrsg), TZI. Pädagogisch-Therapeutische Gruppenarbeit nach Ruth C. Cohn, Stuttgart ^{2}1993. In diesem Sammelband sind die Beiträge von M.E.Frickel, von der TZI zur themenzentrierten Meditation. Grund und Ziel einer Änderung, 218-229 und M.Scharer, TZI in der kirchlichen Praxis, 312-325, praktisch theologisch bedeutsam. Für einen persönlich bedeutsamen Umgang mit biblischen Erfahrungen nach dem Konzept „Lebendigen

wichtige Schlüsselkompetenz für diejenigen leitenden Elternpaare, die mit den Eltern eines Erstkommunionjahrganges arbeiten.

Das bisweilen vorgetragene Argument, daß die Kinder schließlich ein Anrecht auf das Ganze des Glaubens und auf überzeugte Wegbegleiterinnen und Wegbegleiter hätten – was die Eltern nicht leisten könnten –, geht an dem Anliegen der „Vernetzung der Kinder mit ihren Eltern“ vorbei. Die Bedeutung der Stimulierung gemeinsamer Lernprozesse in der Familie ist nicht zu unterschätzen. Wenn man entsprechende Lernmaterialien zur Verfügung stellt, mit denen Eltern mit ihren Kindern zuhause konkret arbeiten können, lernen sie schnell und kompetent den Glauben neu.

IV. Erste Erfahrungen mit „catequesis familiar“ im deutschsprachigen Raum

Unter den gewandelten Voraussetzungen und angesichts der konkreten Situationsanalysen in deutschsprachigen Gemeinden – wobei hier breite Unterschiede zu konstatieren sind – ist ein analog argumentierendes Konzept von „catequesis familiar“ in der Erprobungsphase. Am Fallbeispiel der Kirchengemeinde Hl.Geist in Balingen[40] lassen sich erste positive Erfahrungen umreißen. In dieser Gemeinde wird

---

Lernens“ vgl. H. Barth, T. Schramm, Selbsterfahrung mit der Bibel. Ein Schlüssel zum Lesen und Verstehen, München-Göttingen ²1983. Dieser Band stellt eine breite Auswahl von bibelerschließenden Lernmethoden vor und reflektiert den Zusammenhang zwischen diesen „neuen“ Zugängen und der Exegese, vgl. 165-172.

40 Kirchengemeinde Hl. Geist, Hindenburgstraße 8, D-72336 Balingen, Pfarrer Franz Nagler. Ähnliche Erfahrungen berichtet Pfarrer Alwin Nagy aus der Pfarrei St. Bonifatius, Taubenweg 4, D-89542 Herbrechtingen. – Inzwischen habe ich in *Christ in der Gegenwart* unter dem Titel „Erstkommunion als Familienkatechese“ in einer Folge von 21 Artikeln, die als Sonderdruck beim Herder-Verlag bezogen werden können, das Modell der Familienkatechese weiter ausgeführt. Eine erneute, zahlreiche Rückmeldungen zu dieser Serie aufarbeitende, grundlegende Publikation erscheint voraussichtlich im 1. Quartal 1996 im Kösel-Verlag: A. Biesinger, Gott in die Familie. Erstkommunion als Familienkatechese, München 1996.

das Interaktionsfeld von „catequesis familiar" realisiert. Katechetische Materialien für die leitenden Elternpaare sind ebenfalls in der Erprobung, wie solche für die Eltern-Kinder-Arbeit der Katechese zuhause.

Vorbereitete Anregungen für Gruppenstunden mit den Erstkommunionkindern, geleitet von Jugendlichen, liegen ebenfalls vor. Die katechetischen Materialien für die Familienkatechese zuhause enthalten theologische Themen und Leitgedanken, die als einzelne Einheiten aufgebaut sind.

Die Rückmeldungen der Eltern, die in dieses Konzept von Familienkatechese eingeführt wurden, sind sehr bedeutsam. Zum einen wird auf den Prozeß der Gemeinschaftsbildung, den die Familienkatechese anstößt, hingewiesen. Dies ist angesichts der Anonymitäts- und Entsolidarisierungstendenzen in der Gesellschaft eine wesentliche Perspektive. Weiter wird auf die Möglichkeit hingewiesen, selbständig den Glauben als Erwachsene neu zu verstehen und die Kommunikation mit dem eigenen Kind auf sozialer und religiöser Ebene neu anzugehen bzw. zu intensivieren. Die Gruppenbildung in der Gemeinde, die Beteiligung an den Gottesdiensten durch die alltagsnahe Vorbereitung von seiten der Eltern- und Kindergruppen, hat zu einer Veränderung sowohl der Atmosphäre als auch des Engagements von seiten der Gemeindemitglieder geführt. Die Innovationsbarrieren, die ein solcher Prozeß auch mit sich bringt, sind allerdings nicht zu unterschätzen. Wer sich durch solche Barrieren abhalten läßt, kann auch keine Veränderungen initiieren.[41] Zum Teil wenigstens können solche Barrieren abgebaut werden, wenn das Leitungsteam der Pfarrei (Pfarrer, PastoralreferentIn usw.) mit einzelnen Elterngruppen (etwa acht Elternpaare/Alleinerziehende) so sprechen, daß den Eltern deutlich wird, auf diesem Prozeß unterstützt und begleitet zu werden. Viele Familien berichten, daß die Kommunikation in der Familie durch

---

[41] Der derzeit erschwerte Zugang für die Kirche ist ein wichtiger sozialer Grund für solche Widerstände von Eltern. Eigene Untersuchungen ergeben, daß viele Eltern sich auf den Weg von „Catequesis familiar" einlassen, wenn ihre „signifikanten Anderen" (Freunde, Kollegen, Verwandte) auch mitgehen. Ansonsten fühlen sie sich als Außenseiter, die etwas tun, was „man nicht tut". Dieses Ergebnis spricht dafür, alle Eltern in diesen Katecheseprozeß zu verwickeln und damit sozial relevante neue Standards zu schaffen.

diesen Weg angestoßen wurde und damit auch ein Dienst der Gemeinde an der Familie realisiert wird.

Ohne Frage sind katechetische Forschungsprojekte nötig, um in Tiefeninterviews, aber auch mit quantitativen Methoden die biographischen Selbsteinschätzungen und Veränderungen und die Veränderungen in der Gemeindebildung zu untersuchen.

Eine aktuelle Erhebung in einem Auswertungsgespräch mit dem Pfarrer Franz Nagler, Balingen, ergibt: Von den 60 Familien beteiligen sich alle an diesem Prozeß. Die Gruppen sind verschieden strukturiert. Zum einen kommen zwölf bis 15 Teilnehmer als Ehepaare, andere Gruppen bestehen vorwiegend aus Männern, andere sind Gruppen, in denen Väter und Mütter gleichmäßig verteilt sind. 15 Männer aus den 60 Familien beteiligen sich regelmäßig an den zwei- bzw. dreiwöchentlichen katechetischen Treffen. Die u.a. schriftlich und anonym formulierten Rückmeldungen ergeben, daß sich nach Selbsteinschätzung der Betroffenen ihre Beziehung zu Jesus Christus, zur Gemeinde und zur Kirche positiv verändert, auch die von sogenannten „Fernstehenden“. Inhaltlich konkret wird das formuliert im Blick auf das Verständnis von Brot teilen und Gemeinschaft mit Gott. Weiter ist wichtig, daß die Eltern angeben, über diese Themen einen neuen Kontakt mit ihren Kindern aufnehmen zu können, und daß sich dies auch auf die Beziehung in der Familie – über die Eltern-Kind-Beziehung hinaus – positiv auswirkt. Positiv vermerkt wird ebenfalls die intensive Gruppenbildung, die über die Erstkommunionvorbereitung hinaus erhalten bleibt und gegen die Anonymitätstendenzen wirkt. Der Gottesdienstbesuch hat sich eindeutig verändert. Es kommen mehr Menschen zum Gottesdienst, der Kreis der Gottesdienstbesucher hat sich altersmäßig verjüngt. Regelmäßig werden Sonntagsgottesdienste gestaltet unter dem Thema „Auf dem Weg zur Kommunion“, die von den Eltern- und Kindergruppen gemeinsam vorbereitet und gestaltet werden.

Die Barrieren, die am Anfang da waren, haben sich durch intensive erste Elternabende auch argumentativ überwinden lassen. Indem der Pfarrer konsequent ablehnte, die gesellschaftliche und kirchliche Lüge weiterzuführen, daß Kinder zur Erstkommunion gehen, deren Eltern sich auf diesen Prozeß gar nicht einlassen, kam es zu einer Veränderung der Ausgangseinstellungen.

Wenn man den Prozeß von „catequesis familiar“ auch in dieser konkreten, noch weiter zu intensivierenden Transformation in dieser konkreten Kirchengemeinde tiefer deutet, dann handelt es sich nicht um eine Methode im Sinne von Technik, es ist vielmehr ein Weg, der spirituell in einer praktizierten und konkretisierten communio-Theologie gegründet ist.

Herausgeber und Autoren

Albert **Biesinger**, Dr.theol., o.Prof. für Religionspädagogik, Kerygmatik und kirchliche Erwachsenenbildung, Katholisch-Theologische Fakultät, Universität Tübingen

Andreas **Heinz**, Dr.theol., Lic. phil., Prof. für Liturgiewissenschaft, Theologische Fakultät Trier

Michael **Kessler**, Dr.theol., M.A., Direktor des Instituts für Fort- und Weiterbildung der Diözese Rottenburg-Stuttgart

Stefan **Knobloch**, Dr.theol., o.Prof. für Pastoraltheologie, Fachbereich Katholische Theologie, Universität Mainz

Franz **Kohlschein**, Dr.theol., o.Prof. für Liturgiewissenschaft, Fakultät Katholische Theologie, Universität Bamberg

Erhard **Kunz** SJ, Dr.theol., Prof. für Dogmatik, Theologische Fakultät, Philosophisch-Theologische Hochschule St. Georgen

Frieder **Schulz**, D., Liturgiewissenschaftler, Heidelberg

Josef **Wohlmuth**, Dr.theol., o.Prof. für Dogmatik, Katholisch-Theologische Fakultät, Universität Bonn

Die ersten Bände der Reihe "KONTAKTE":

Michael Fischer / Alwin Hummel / Franz Nagler/
Hans Ostertag (Hrsg.)

Basisgemeindliche Kirche

Dokumentation

Band 1, 1996, 174 Seiten, DM 29,80/ÖS 233,–/SFr 29,80
ISBN 3-7720-2520-X

Michael Kessler (Hrsg.)

Eucharistie

Rückfragen zum Katechismus der Katholischen Kirche

Band 2, 1996, 153 Seiten, DM 29,80/ÖS 233,–/SFr 29,80
ISBN 3-7720-2521-8

Albert Biesinger / Michael Kessler (Hrsg.)

Himmel – Hölle – Fegefeuer

Theologisches Kontaktstudium 1995

Band 3, 1996, 140 Seiten, DM 29,80/ÖS 233,–/SFr 29,80
ISBN 3-7720-2522-6

Michael Kessler (Hrsg.)

Ordination – Sendung – Beauftragung

Anfragen und Beobachtungen zur rechtlichen, liturgischen und theologischen Struktur

Band 4, 1996, 140 Seiten, DM 29,80/ÖS 233,–/SFr 29,80
ISBN 3-7720-2523-4